Karin E. Sauer
Inklusion aus jugendkultureller Perspektive

Perspektiven Sozialer Arbeit in Theorie und Praxis

Herausgegeben von
Prof. Dr. Süleyman Gögercin und Prof. Dr. Karin E. Sauer,
DHBW Villingen-Schwenningen

Band 5

Karin E. Sauer

Inklusion aus jugendkultureller Perspektive

Wege der Kommunikation in Musikprojekten von
Jugendlichen verschiedener Herkunft mit
unterschiedlichen Lernvoraussetzungen

Centaurus Verlag & Media UG

Über die Autorin:
Prof. Dr. Karin E. Sauer, M. A., Diplom-Pädagogin, leitet den Studiengang „Soziale Arbeit mit Menschen mit Behinderung" an der Fakultät Sozialwesen der Dualen Hochschule Baden-Württemberg Villingen-Schwenningen.

Bibliografische Informationen der Deutschen Nationalbibliothek
Die Deutsche Nationalbibliothek verzeichnet diese Publikation in der Deutschen Nationalbibliografie; detaillierte bibliografische Daten sind im Internet über http://dnb.d-nb.de abrufbar.

ISBN 978-3-86226-251-9   ISBN 978-3-86226-890-0 (eBook)
DOI 10.1007/978-3-86226-890-0

ISSN 2195-7347

Gedruckt auf säurefreiem und chlorfrei gebleichtem Papier.

Alle Rechte, insbesondere das Recht der Vervielfältigung und Verbreitung sowie der Übersetzung, vorbehalten. Kein Teil des Werkes darf in irgendeiner Form (durch Fotokopie, Mikrofilm oder ein anderes Verfahren) ohne schriftliche Genehmigung des Verlages reproduziert oder unter Verwendung elektronischer Systeme verarbeitet, vervielfältigt oder verbreitet werden.

© Centaurus Verlag & Media UG (haftungsbeschränkt), Herbolzheim 2014
www.centaurus-verlag.de

Umschlaggestaltung: Jasmin Morgenthaler, Visuelle Kommunikation
Umschlagabbildung: Karin E. Sauer, F-Lights. 1998. (Ausschnitt)
Satz: Vorlage der Autorin

Dank

denjenigen, die die wechselvolle Entstehung dieser Arbeit begleitet und bei allen Dynamiken immer wieder frische Perspektiven beigesteuert haben: Der Musikwelt Universität Hildesheim, Center for World Music Stiftung, insbesondere Uwe Raschen und seiner Kollegin Ulrike Schulz. Beide haben mir den Zugang zu ihrem inklusiven Musikprojekt verschafft und für die Erstellung der Projektdokumentation keine Mühen gescheut. Ihnen danke ich für die Einsicht in eine mit großer Initiative geleistete Arbeit, die den jugendlichen Teilnehmenden viele Gestaltungsräume bietet.

Kontrastiert wurde diese Innensicht maßgeblich durch die Außensicht des Leiters des Studiengangs *Kulturelle Diversität in der musikalischen Bildung* Raimund Vogels, aus der sich verschiedene interdisziplinäre Verbindungen ergaben.

Meinen Interviewpartner_innen danke ich für ihre Bereitschaft, zu den komplexen Fragestellungen dieser Arbeit Stellung zu nehmen. Ihre multiprofessionelle Fachlichkeit und ihr Engagement für eine Etablierung von Musikarbeit mit Kindern und Jugendlichen verdeutlichen die Bedeutung von Musik für Inklusion, insbesondere im Sozialraum und der Lebenswelt von Heranwachsenden.

Besonders danke ich meinen Studierenden an der DHBW VS aus dem Studiengang Soziale Arbeit mit Menschen mit Behinderung des Jahrgangs 2010. Ihre wache, kritische Haltung, inspiriert durch praxisorientierte Expertise und engagierte Auseinandersetzungen mit theoretischen Hintergründen, lieferte wertvolle Impulse.

Nicht zuletzt geht mein Dank an alle, die mich während meiner Studienzeit in der Musikwelt an der Universität Hildesheim und anderen Orten musikalisch begleitet haben. Durch dieses musikbegeisterte Netzwerk konnte ich viele neue Horizonte entdecken, zu denen aufzubrechen sehr bereichernd erscheint.

Karin Elinor Sauer, Villingen-Schwenningen, Januar 2014

Inhalt

1.	Einleitung	1
2.	Inklusion Jugendlicher mit und ohne Behinderungen und Migrationshintergrund	3
	2.1 Gesellschaftliche Bedingungen, soziale Bedeutungen, subjektive Begründungen	5
	2.2 Intersektionalität	6
3.	Auf dem Weg zur Inklusion: Entwicklungsaufgaben Jugendlicher	9
4.	Normalität, normative und normalistische Normen	13
5.	Gesellschaftliche Entwicklungsaufgaben – Diversity Education	17
	5.1 Gesellschaftliche Entwicklungsaufgaben in Bezug auf Jugendliche mit Migrationshintergrund. Interkulturelle Öffnung – interkulturelle Kompetenz – Kultursensibilität	18
	5.2 Gesellschaftliche Entwicklungsaufgaben in Bezug auf Jugendliche mit Behinderung. Empowerment – Sozialraumorientierung – Enabling	22
	5.3 Re-kreative Gestaltungsmöglichkeiten von Inklusionsräumen als diskursive Praxen	24
6.	Musik als Medium der Kommunikation in pädagogisch-therapeutischen Settings	31
7.	Vermessung von Inklusionsräumen aus Sicht von Expert_innen	35
	7.1 Gemeinsamkeiten und Unterschiede verschiedener Klientelgruppen beim Musizieren *(subjektive Begründungen)*	36
	7.2 Musikalische und soziale Kommunikationsformen im gemeinsamen Musizieren *(soziokulturell vermittelte Bedeutungen)*	42
	7.3 Verknüpfungsmöglichkeiten musiktherapeutischer Projekte mit institutionellen und sozialräumlichen Kontexten *(gesellschaftlich-strukturelle Bedingungen)*	47
8.	Musik als Medium der Kommunikation in jugendkulturellen Settings am Beispiel eines Bandprojekts von Jugendlichen verschiedener Herkunft mit unterschiedlichen Lernvoraussetzungen	51
9.	Bewertung von Inklusionsräumen aus Sicht der jugendlichen Akteure	59
10.	Fazit und Perspektiven für inklusive sozialpädagogische Angebote an Jugendliche mit heterogenen Hintergründen	63
11.	Literatur	69

1. Einleitung

„Im Sinne von Transkulturalität ist das Qualitätskriterium für innovative Kulturprojekte die Frage nach dem Potenzial kultureller Bildung, stereotype Bilder aufzubrechen sowie hybride und kreative Ausdrucksformen zu entwickeln" (Josties 2013: 362).

Soziale Kulturarbeit und Jugendkulturarbeit sind bestrebt, Inklusion von Jugendlichen mit heterogenen sozialen, ethnischen und kulturellen Hintergründen sowie unterschiedlichen Lernvoraussetzungen zu fördern. Musik ist eines der Medien, das in diesem Zusammenhang genutzt wird, um eine Kommunikation über Eigenes und Fremdes, Mainstream und Subkultur anzuregen. Bislang Ungehörtes oder auch Unerhörtes soll dabei bewusst mehr Raum einnehmen. Wie Musikprojekte mit dieser Ausrichtung von Jugendlichen selbst wahrgenommen und als Medium der Selbstdarstellung genutzt werden, wird bislang noch wenig thematisiert, insbesondere bei der Zielgruppe von Jugendlichen mit Beeinträchtigungen.

Die vorliegende Arbeit ist ein Versuch, Inklusion aus jugendkultureller Perspektive zu betrachten, indem Wege der Kommunikation in Musikprojekten von Jugendlichen nachvollzogen werden. Dazu werden die den Projekten zugrunde liegenden pädagogisch-therapeutischen Intentionen in Bezug auf Jugendliche mit und ohne Behinderungen und Migrationshintergrund jeweils auf deren gesellschaftliche Bedingungen, soziale Bedeutungen und subjektive Begründungen überprüft. Mithilfe des Ansatzes der Intersektionalität wird auch die Verknüpfung verschiedener Merkmale, die zu einer sozialen Be-Sonderung führen (etwa Migrationsgeschichte *und* psychische Beeinträchtigung), in den Blick genommen.

Der Weg zur Inklusion wird aus *mehrheitskultureller* und parallel aus *jugendkultureller* Perspektive nachgezeichnet. Er ist jeweils charakterisiert durch bestimmte „Entwicklungsaufgaben":

- Entwicklungsaufgaben Jugendlicher, die sich ihnen stellen, wenn sie sich mit gesellschaftlich etablierten Konzepten von Normalität auseinandersetzen
- Gesellschaftliche Entwicklungsaufgaben, die sich als soziale Reaktionen auf die Entwicklungstatsache analysieren lassen, sowohl

- in Bezug auf Jugendliche mit Migrationshintergrund als auch
- in Bezug auf Jugendliche mit Behinderung.

Der Weg zur Inklusion führt durch verschiedene „Inklusionsräume". Diese sind einerseits zugänglich über sozial-pädagogisch-therapeutische Angebote, andererseits über jugend(sub-)kulturelle, re-kreative Gestaltungsformen. Beide Zugänge können grundsätzlich miteinander verbunden werden und als Plattform für Kommunikation dienen.

In dieser Arbeit wird Musik als Medium der Kommunikation in den Blick genommen. Die Qualitäten der dadurch entstehenden Inklusionsräume werden aus Sicht dreier Expert_innen diskutiert, die sich professionell mit pädagogisch-therapeutischer Musikarbeit mit Jugendlichen beschäftigen.

Der Expertenmeinung wird komplementär gegenübergestellt, wie jugendliche Nutzer_innen so gestalteter Inklusionsräume diese selbst bewerten. Am Beispiel eines Bandprojekts von Jugendlichen verschiedener Herkunft mit unterschiedlichen Lernvoraussetzungen kann deren Sichtweise verdeutlicht werden.

Es wird zu zeigen sein, dass die Inklusionsräume, die musikalisches Handeln erlauben, aus mehrheitskultureller Perspektive anders konzipiert sind, als diese von den jugendlichen Akteuren genutzt werden. Dennoch bzw. gerade deshalb mündet diese Arbeit in ein Plädoyer für inklusive sozialpädagogische und therapeutische Angebote an Jugendliche mit heterogenen Hintergründen. Die jugendkulturelle Perspektive spricht dafür,

„dass wir es irgendwie gar nicht groß ansprechen, sondern einfach machen und zeigen, das geht auch" (Josties, 2013: 362).

Abschließend werden die Ergebnisse der Studie in den aktuellen Rahmenbedingungen gesellschaftlicher Teilhabemöglichkeiten im Kontext der Jugendarbeit verortet.

2. Inklusion[1] Jugendlicher mit und ohne Behinderungen und Migrationshintergrund

Der Begriff Inklusion (lat.: Einschluss)[2] umfasst gesellschaftliche Zugehörigkeit, Anerkennung, Teilhabe. In diesem Sinne betrifft sie alle Mitglieder einer Gesellschaft. In besonderem Maße wird Inklusion für diejenigen relevant, die nicht oder noch nicht vollständig am gesellschaftlichen Leben teilhaben können. Sie müssen sich Teilhabemöglichkeiten an der Gesamtgesellschaft erst aneignen. Dieser Aneignungsprozess beinhaltet sowohl Prozesse der Identitätsfindung als auch Prozesse des sozialen Wandels. Er ist abhängig von den Eigenschaften, die die einzelnen Gesellschaftsmitglieder jeweils in sich vereinen und davon, wie diese Eigenschaften von der Gesamtgesellschaft bewertet und wert geschätzt werden. Inwiefern Deutschland eine Gesellschaft ist, in der Inklusion von Jugendlichen, Menschen mit Behinderung und mit Migrationshintergrund verwirklicht werden kann, wird im Folgenden überblickshaft skizziert, um in den späteren Kapiteln darauf aufzubauen.

Die Eigenschaft *Jugend* beinhaltet an sich Momente des Übergangs: Jugendliche entwickeln sich in die Gesellschaft hinein, fordern Rechte ein, stellen Pflichten in Frage und loten neue Gestaltungsmöglichkeiten aus. Prinzipiell liegt der deutschen Gesellschaft viel an einer erfolgreich verlaufenden Inklusion ihrer nachwachsenden Generation. Von Geburt an sollen Erziehungs- und Bildungsangebote darauf hinwirken. Die Lebensphase Jugend hat sich in allen westlichen Gesellschaften in den letzten 50 Jahren stark ausgedehnt und ist zu einem der wichtigsten Abschnitte im menschlichen Lebenslauf geworden (vgl. Hurrelmann & Quenzel 2012). Sie kann als Akteurin sozialen Wandels bezeichnet werden, der in einem Spannungsfeld zwischen strukturellen Barrieren und Bewältigungsstrategien verläuft (vgl. Pohl u.a. 2011).

---

[1] Der Inklusionsbegriff ersetzt zunehmend den bis vor ca. zehn Jahren hauptsächlich gebräuchlichen Begriff der Integration. Das Anwendungsfeld beider Begriffe muss jeweils genau hinterleuchtet und definiert werden. In einigen Fällen werden die Bedeutungen beider Begriffe in Beziehung gesetzt (z.B. Sauer 2007), in anderen, insbesondere interkulturell vergleichenden Zusammenhängen eher separat betrachtet (z.B. Sauer & Held 2009). Im vorliegenden Text wird „Inklusion" verwendet, es sei denn, es handelt sich um Bezüge zu anderen Quellen.

[2] Im Gegensatz zu Exklusion (lat.: Ausschluss).

Die Eigenschaft *Behinderung* ist historisch stärker von Exklusionsprozessen geprägt: Menschen mit Behinderungen vertreten auf internationaler Ebene erst seit den späten 1970er Jahren aktiv ihren Anspruch auf Inklusion. Dies steht in Zusammenhang mit den Disability Studies, die in ihren Anfängen

> „aus unterschiedlichen Aktivitäten und Strömungen entstanden sind. Gruppen behinderter Menschen hatten ihre Lebensbedingungen einer Kritik unterzogen und angefangen, ‚den Diskursen, die nicht mit ihnen sondern über sie geführt wurden, in künstlerischer, wissenschaftlicher und pädagogischer Hinsicht etwas entgegenzusetzen' (Mitchell & Snyder 2002: 116)" (Dederich 2012: 21).

In Deutschland entwickelten Aktivisten eine „Krüppelposition", nach der behinderte Menschen eine unterdrückte soziale Minderheit sind, die bezüglich gesellschaftlicher Werte, Ideale und ästhetischer Normen erheblichem Anpassungsdruck ausgesetzt ist (vgl. ebd.: 24). Dieser Druck entstand insbesondere durch die jahrzehntelang praktizierte Segregation in Behinderteninstitutionen, Sonderschulen und Rehabilitationseinrichtungen (vgl. ebd.).

Die Eigenschaft *Migrationshintergrund* ist ebenfalls – insbesondere seit der Anwerbung von „Gastarbeitern" in den 1950er Jahren – ein Merkmal, das eher zu sozialer Exklusion in Deutschland führt. Für die heute in Deutschland geborenen Nachfahren von vor drei bis vier Generationen Eingewanderten haben sich rechtlich und sozial zwar einige Voraussetzungen geändert, die ihre Inklusion erleichtern sollten. Dennoch stellt das Merkmal Migrationshintergrund in der Mehrheitsgesellschaft nach wie vor ein Integrationshemmnis dar. Wissenschaftlich werden solche Exklusionsmechanismen aus verschiedenen Perspektiven untersucht. Beispielhaft seien hier Studien zu „natio-ethno-kulturellen Zuschreibungen" genannt (Mecheril 2004a), sowie Untersuchungen zu „Transkulturalität, Transnationalität, Transethnizität und sozialer Lokalität" (West 2012), die den Stellenwert des sozialen Ortes und die dort vorherrschenden Machtstrukturen thematisieren, die bei Inklusionsprozessen eine entscheidende Rolle spielen.

Auf alle genannten Personengruppen trifft zu, dass Inklusion ein Leitziel ist, das gesamtgesellschaftlich angestrebt werden sollte, auch wenn es unter Umständen nicht direkt zu verwirklichen ist. Es dient als Orientierung, um Verhältnisse der Exklusion, der Aus- und Be-Sonderung aufzudecken und aufzuheben. Der Inklusionsbegriff hat sich in pädagogischen (und teilweise auch politischen) Debatten durchgesetzt und enthält zwei Lesarten:

Erstens, dass eine bisher ausgeschlossene Personengruppe stärker in die Gesellschaft einbezogen werden soll. Dazu werden dieser Zielgruppe Unterstützungsangebote gemacht, die darauf abzielen, die Personen dazu zu befähigen, sich in die Gesellschaft einzubringen. Meist ist dies mit diversen Formen der Anpassung der Angehörigen dieser Personengruppe verbunden[3].

Zweitens meint Inklusion einen Prozess des sich aufeinander zu Bewegens von „Mehrheits-" und „Minderheitsgesellschaft". Er bezeichnet die gleichberechtigte und gleichwertige Möglichkeit zur Teilhabe aller der Gesellschaft zugehörigen Mitglieder, ungeachtet deren Status als Mitglied der Mehrheits- oder Minderheitsgesellschaft.

2.1 Gesellschaftliche Bedingungen, soziale Bedeutungen, subjektive Begründungen

Sowohl Jugendliche, Menschen mit Migrationshintergrund und mit Behinderungen erscheinen auf je unterschiedliche Weise in ihren Möglichkeiten der Teilhabe und Selbstbestimmung – verglichen mit der Mehrheitsgesellschaft – eingeschränkt. Die Gründe dafür sind auf verschiedenen gesellschaftlichen Ebenen angesiedelt:

Auf der *Ebene gesellschaftlicher Strukturen* bestimmen Gesetze, institutionelle Bedingungen, Trägerschaften und politische Programme, welche *Bedingungen* der Teilhabe für junge Menschen mit und ohne Migrationshintergrund bzw. Behinderung existieren (z.B. SGB VIII: KJHG, SGB IX: Rehabilitation und Teilhabe).

Die *Ebene sozial vermittelter Bedeutungen* umfasst Diskussionen, die zu Jugend, Migration und Behinderung in den Medien, der Politik und in den Fachwissenschaften geführt werden. Sie können auch als *Diskurse* verstanden werden, die die Bewegung von Text, Rede und Wissen im Lauf der Zeit umfassen (s.o.).

Auf der *Ebene der Individuen* werden Handlungsmöglichkeiten erfasst, die sich durch die Auseinandersetzung mit den strukturellen Bedingungen und den sozialen Bedeutungen für die einzelne Person erschließen. Sie sind die Grundlage der *subjektiven Begründungen* von bestimmten Orientierungen und Entscheidungen (z.B. für oder gegen einen Antrag auf einen Schwerbehindertenausweis, einen deutschen bzw. nicht deutschen Pass).

Die Ebenen überlagern sich in alltäglichen Situationen, in denen über Inklusion und Exklusion entschieden wird. Ebenso überschneiden sich die Merkmale, die

---

[3] Diese Anpassungsleistungen können je nach Kontext ebenfalls in den Begriffen Integration und Normalisierung enthalten sein, worauf im weiteren Verlauf des Texts genauer eingegangen wird.

dabei Bedeutung erlangen. Für diese Überschneidungen wird im Folgenden der Begriff der *Intersektionalität* verwendet.

2.2 Intersektionalität

Auf allen gesellschaftlichen Ebenen kann es zu sozialer Ungleichbehandlung von Menschen mit unterschiedlichen Voraussetzungen oder Merkmalen kommen. Wie bereits gezeigt, führen bestimmte Merkmale eher zu Inklusion, andere eher zu Exklusion. Allerdings kommt es jeweils auf die soziale Situation an, in der sich das Individuum befindet und in der es sich einbringen möchte oder nicht. Denn in verschiedenen Situationen kann ein bestimmtes Merkmal sich als Vorteil oder als Nachteil erweisen. Neben den Merkmalen Jugend, Behinderung und Migrationshintergrund gibt es noch viele weitere Merkmale, zum Beispiel Geschlecht, soziale Herkunft oder Religion. In ihrem Zusammenspiel bestimmen sie darüber, wo Menschen sich zugehörig und anerkannt fühlen können und wo nicht.

Ausgehend davon, dass „Individuen so etwas wie Schnittpunkte [sind], an denen sich die mannigfaltigen und zueinander quer liegenden Achsen der Benachteiligung kreuzen" (Fraser 2003: 80, zit. n. Leiprecht & Lutz 2009: 187), wird auch von mehrdimensionaler Diskriminierung und Intersektionalität gesprochen. Judy Gummich, afro-deutsche Mitarbeiterin im Verein *Eltern beraten Eltern von Kindern mit und ohne Behinderung* in Berlin, erweitert diese Definition noch:

> „Intersektionalität kann als eine spezifische Form von Mehrfachdiskriminierung bzw. -zugehörigkeit verstanden werden und beschreibt die komplexen Wechselwirkungen und die Verwobenheit von sozial konstruierten und ungleichheitsgenerierenden gesellschaftlichen Strukturen und Praktiken. Sie sind kontextspezifisch und situationsabhängig. Jedes Persönlichkeitsmerkmal ist dabei mit dem anderen interdependent" (Gummich 2010: 133).

Im nächsten Kapitel werden Momente von Inklusion und Exklusion in Bezug auf das Merkmal Jugend entlang der verschiedenen gesellschaftlichen Ebenen analysiert. Dazu wird eine entwicklungspsychologische Perspektive eingenommen, die sowohl individuelle als auch soziale Entwicklungsprozesse in den Blick nimmt. Da die *individuellen Entwicklungen* mit den subjektiven Begründungen Jugendlicher in Zusammenhang stehen und die *sozialen Entwicklungen* mit den sozial vermittelten Bedeutungen und strukturellen Bedingungen, können die Ansätze der Intersektionalität und der psychosozialen Analyse miteinander in Beziehung gesetzt werden. Dies erscheint insofern gewinnbringend, als beide Perspektiven sowohl psychologische als auch soziale Aspekte kontextualisieren (vgl. Phoenix 2013: 183).

3. Auf dem Weg zur Inklusion: Entwicklungsaufgaben Jugendlicher

Um als vollwertige Mitglieder der Gesellschaft handlungsfähig zu werden, stehen Jugendliche diversen „Entwicklungsaufgaben" gegenüber. Entwicklungspsychologisch werden diese ab dem Zeitpunkt der Geburt in verschiedene Phasen eingeteilt, in denen das individuelle und soziale Selbst sich ausbilden. Zwischen individueller und sozialer Entwicklung besteht ein Spannungsfeld, das von den Heranwachsenden auch als krisenhaft erlebt werden kann (vgl. z.B. Erikson 1973, 1980). Piaget (cf. Büttner 2009, Vygotskij 2002: 93f.) strukturierte diese Entwicklungsprozesse ausgehend vom inneren Erleben des Kindes, als von innen nach außen gerichtete Lernprozesse. Vygotskij beschreibt diese Lernprozesse als von außen nach innen gerichtet. Für ihn ist Lernen ein sozialer Prozess, der stark von gesellschaftlichen Bedingungen abhängig ist. Vygotskij nimmt besonders den sozialen Nahraum in den Blick, der dafür verantwortlich ist, die „Zone der nächsten Entwicklung" der Heranwachsenden aufzuzeigen und zu begleiten (Vygotskij 2002: 332). Dieser kann aus verschiedenen Sozialisationsinstanzen bestehen, auch über Familie und Schule hinaus. Je nachdem, welchen Lernfeldern sich Kinder und Jugendliche zuwenden, ist die umgebende Gesellschaft in der Pflicht, sich dieser Entwicklung anzunehmen und adäquat auf sie einzugehen. Klaus Hurrelmann unterstützt dieses Verständnis durch zwei Argumentationsstränge:

> „Entwicklungsaufgaben sind die physischen, psychischen und sozialen Anforderungen, die ein Mensch in einem bestimmten Lebensabschnitt zu bewältigen hat, wenn er gesund und handlungsfähig sein und bleiben möchte" (Hurrelmann 2012a: 6).
> „Jede Kultur stellt über die Gestaltung ihrer sozialen Institutionen und sozialen Umwelten und in Form von sozialen Mustern und Normen Mitgliedschaftsentwürfe bereit: Vorstellungen, Wünsche, Erwartungen und Merkmale, die für eine aktive Teilnahme an der Gesellschaft als erforderlich erachtet werden. Werden sie übernommen, kann von ‚sozialer Integration' gesprochen werden" (Hurrelmann 2012b: 91).

Hier steht, wie bei Piaget und Erikson, die individuelle Entwicklung im Vordergrund und die damit verbundenen Anpassungsleistungen an die Gesellschaft, die im – mitunter durch Krisen bestimmten – Identitätsfindungsprozess in die Individualität der einzelnen Heranwachsenden einfließen. Diese Perspektive wird um die gesellschaftliche Dimension der Identitätsentwicklung ergänzt:

> „Jeder Mensch bleibt aber auch als sozial integriertes Gesellschaftsmitglied (…) eine einmalige und unverwechselbare Persönlichkeit und hat ein Interesse daran, sozial nicht völlig vereinnahmt zu werden. Er strebt nach seiner ‚Individuation'. Entsprechend ist das Austarieren der Spannung von Integration und Individuation gerade in der Lebensphase Jugend besonders wichtig" (ebd.: 91).
>
> „Neben der Herkunftsfamilie sind Schulen, Ausbildungsstätten, Gleichaltrige und Medien als ‚Sozialisationsinstanzen' die wichtigsten Vermittler und Unterstützer im Entwicklungsprozess des Jugendalters. Günstig für die Sozialisation sind sich ergänzende und gegenseitig anregende Impulse dieser Instanzen" (ebd.: 93).

Hurrelmann folgt hier der Argumentation Vygotskijs, die ich an dieser Stelle weiterführen möchte: Entwicklungsaufgaben sollten nicht nur als Aufgaben für Jugendliche verstanden, sondern auch auf die Mehrheitsgesellschaft bezogen werden. Die Gesellschaft muss sich ebenfalls Entwicklungsaufgaben stellen, die durch die „kritischen Phasen" der Jugendlichen wahrnehmbar werden. Die von Jugendlichen individuell als krisenhaft erlebte Entwicklung in eine bestehende Gesellschaft hinein kann ein Indikator für gesellschaftlich kritikwürdige „Mitgliedschaftsentwürfe" sein, die auf exkludierenden sozialen Praxen basieren. Dadurch könnte prinzipiell ein sozialer Wandel generiert werden, der zu einer Abkehr oder Erweiterung von bisher in der Mehrheitsgesellschaft gültigen Normen führt. In der Realität werden Entwicklungsaufgaben der Mehrheitsgesellschaft allerdings nur selten aus einem grundsätzlichen Interesse an einer inklusiven Gesellschaft angegangen.

An dieser Stelle bietet es sich an, die strukturellen Bedingungen der Mehrheitsgesellschaft genauer zu betrachten. Dies dient dem Verständnis von Normen und „Normalität", an denen Prozesse der Inklusion ausgerichtet sind. Es wird sich zeigen, dass die Definitionen dessen, was als „normal", „tolerabel" oder „anormal", „nicht tolerabel" gilt, einflussreichen Dynamiken unterworfen sind und von gesellschaftlichen Machtverhältnissen bestimmt werden.

Die hier wiedergegebene Diskussion nimmt Bezug auf Michel Foucault, der in machtanalytischen Betrachtungen gesellschaftliche Prozesse der Inklusion und Exklusion mittels der Kriterien Macht, Subjektivierung und Normalisierung aufgreift. Es wird deutlich werden, dass die dadurch aufgedeckten Machtverhältnisse alle

Gesellschaftsmitglieder betreffen und sich sowohl auf die Situation von Jugendlichen als auch auf diejenige von Menschen mit Behinderungen und Migrationshintergrund beziehen lassen (vgl. z.B. Anhorn 2007).

4. Normalität, normative und normalistische Normen

In diesem Kapitel werden Facetten von Normalität auf den oben beschriebenen gesellschaftlichen Ebenen beschrieben: Die strukturellen Bedingungen werden bezüglich ihrer Normativität und Abgrenzungsmechanismen betrachtet. Diese stehen in Bezug zur Ebene der Bedeutungen und Diskurse, auf der Erweiterungen von Handlungsspielräumen stattfinden können. Diese sind ihrerseits abhängig von der Ebene subjektiver Begründungen des Handelns, wenn es um Identitätsfindung und Positionierung geht.

Eine grundsätzliche Annäherung an die Frage, was Normalität bedeutet, ergibt sich durch die Beobachtung, wonach Menschen ihre Deutungsmuster und ihr Handeln ausrichten. Allgemein wird davon ausgegangen, dass hierbei bestimmte Normen grundlegend sind (vgl. z.B. Lamnek 2007). Diese können auf unterschiedliche Weise konstruiert sein.

> „Während Normen äußerlich gesetzt sind – den Individuen also beispielsweise in Form ethischer, rechtlicher oder sozialer Vorschriften vorgegeben werden, deren Einhaltung in der Regel sanktioniert wird –, basiert Normalität wesentlich auf Vergleichen. Normalität ist das, was in der Gauß'schen Normalverteilung in den mittleren, durchschnittlichen Bereich fällt. Die Orientierung an der Normalität im normalistischen Sinn bedeutet dann eine Selbstregulierung der Subjekte auf den Durchschnitt hin. Auch die Normalisierung arbeitet mit Bewertungen. Der Unterschied zu normativen, also präexistierenden Normen besteht darin, dass normalistische Normen ‚erst im Nachhinein, als Folge der Herstellung einer statistischen Mitte' (Waldschmidt 1998: 11) wirksam werden" (Dederich 2012: 134).

Daraus können zwei Strategien der Normsetzung abgeleitet werden: Protonormalismus und flexibler Normalismus:

Im *Protonormalismus* wird Normalisierung mittels Kontrolle und Sanktion durchgesetzt. Ziel ist die möglichst vollständige Abdichtung der Grenzen zwischen Normalität und Anormalität. Je geringer die Toleranzgrenzen, desto enger wird der Normalbereich, der als Normalität festgelegt wird, und desto größer wird der Bereich der Anormalität, zu dem alle Handlungsweisen zählen, die aus dem Normalbereich herausfallen (ebd.: 135).

Der *flexible Normalismus* entsteht durch Vergleiche der Individuen untereinander und deren Wunsch, dem mittleren, durchschnittlichen Gesellschaftsbereich anzugehören. Es entsteht ein Prozess der „Selbstnormalisierung", der durch bewusst auf sich genommene „Selbstzwänge", produktiv im Inneren der Individuen wirkt (ebd.: 134 f.). Dies allerdings mit größeren und fließenderen Toleranzgrenzen, die von den Individuen selbst ausgehandelt werden müssen (ebd.).

Beide Strategien können in einer Gesellschaft parallel existieren. Beide beinhalten sowohl Potenziale zu Inklusion als auch zu Exklusion. Aus *protonormalistisch*er Sicht weisen die sozialen Phänomene Jugend, Behinderung und Migration eher abweichende Charakteristika auf, die es zu sanktionieren gilt[4]. Dies läuft auf der *Ebene der strukturellen Bedingungen* ab, die dem Erhalt der Mehrheitsgesellschaft dienen. Sie muss sich daher Strategien vorbehalten, Minderheiten zu definieren und ihnen durch verschiedene Maßnahmen einen Sonderstatus zuzuweisen. Dies wird auf institutioneller Ebene deutlich, wenn man das stark selektierende (Sonder-)Schulsystem oder auch Einrichtungen für Menschen mit Behinderung betrachtet. Sie können teilweise noch mit den Ende der 1950er Jahre von Erving Goffman untersuchten „totalen Institutionen" verglichen werden. Er beschrieb sie als „Treibhäuser, in denen unsere Gesellschaft versucht, den Charakter von Menschen zu verändern" (Goffman 1996: 23).

Legitimiert werden die Sonder-Bedingungen durch Sonder-*Bedeutungen*. Diese gründen meist auf medizinischen oder sozial-psychologischen Untersuchungen. Herangezogen werden etwa medizinisch nachweisbare Anomalien bezüglich hormoneller, gehirnphysiologischer und anderer Werte – (vgl. DIMDI 2013) oder abweichende psychologische Ergebnisse diverser Intelligenztests (vgl. ebd.), sowie Schulvergleichstests (z.B. PISA, vgl. hierzu Hunger & Thränhardt 2010), die sich auf die Entwicklungsphase Jugend, verschiedene Behinderungsformen oder Menschen mit Migrationshintergrund anwenden lassen.

Durch die Strategie des *flexiblen Normalismus* können diesen diskriminierenden (i.S.v. kategorisierenden) Bedeutungen jedoch *alternative Bedeutungen* entgegen-

---

[4] Dies wird in Kap. 9 in Verbindung mit Tannenbaums These gebracht, nach der Sanktionen – gleich ob sie als Strafe oder Sozialisierungsmaßnahme eingesetzt werden – grundsätzlich die Handlungsmöglichkeiten der Betroffenen einschränken (Tannenbaum 1938: 20, zit. n. Lamnek 2007: 226).

gesetzt werden. Sie kommen von den Betroffenen selbst und können sich gegen – partiell exkludierende – „Be-Sonderungen" richten[5].

Dies wird am Beispiel der Jugend(sub)kulturen deutlich, die Prozesse von Subversion, Widerstand, Umwandlung, Entschärfung, Vereinnahmung und Anpassung durchlaufen. Neben ihrer Funktionalität in Bezug auf Fragen der Identität, Geltung, Anerkennung und Abgrenzung weisen sie ebenfalls eine gesellschaftliche Funktion auf, die im Kontext bestimmter Lebensverhältnisse und sozialer Veränderungsdynamiken situiert ist (vgl. Ferchhoff 2013: 136).

Nach Ferchhoff werden die jugendkulturellen Bedeutungen auf verschiedenen sozialen Bühnen inszeniert (vgl. ebd.). Diese Perspektive setzt einen spielerischen Umgang mit Normen voraus, die in der Tradition von Goffmans interaktionistischen Theorien gesehen werden kann. Für den weiteren Verlauf der Arbeit ist diese Sichtweise zentral, da der Schwerpunkt auf den jugendkulturellen Ausdrucksformen liegt, die zwar nicht ohne den Einfluss ihrer institutionell-strukturellen Rahmung bestehen, aber doch insofern für sich stehen, als sie nicht bewusst dazu Stellung beziehen (vgl. Josties 2013: 362). Weit wichtiger ist für die Studie jugendkultureller Aktivitäten, wie der direkte soziale Nahraum von den Jugendlichen selbst ins Spiel gebracht wird und welche Entwicklungsmöglichkeiten sie darin für sich und andere sehen.

Dies steht in engem Zusammenhang mit den *subjektiven Begründungen* des Handelns der Jugendlichen. Wie weiter oben ausgeführt, verbinden Individuen in ihrer Person verschiedene Merkmale, die für sie je nach sozialer Situation Bedeutung erlangen. Daher kann angenommen werden, dass eine Kombination der Merkmale Jugend +/- Behinderung +/- Migrationshintergrund zu sehr unterschiedlichem Realitätserleben führen kann. Dieses bedingt je nach den als erreichbar wahrgenommenen Handlungsmöglichkeiten die (Re-)Aktionen im Umgang mit den Merkmalen, unabhängig davon, wie stark der Einfluss dieser Merkmale auf die in der Situation gegebenen Entscheidungsmöglichkeiten empfunden wird. An dieser Stelle wird deutlich, dass die Analyse jugendkultureller Handlungen aufgrund der Fülle von Facetten erlebter Realität nicht objektiviert werden kann.

Ertragreicher erweist sich ein Zugang über die *Lebensstile* der Jugendlichen, um die Prozesse ihrer Identitätsfindung und Positionierung nachzuzeichnen. Hier tritt die Vielfalt der Seins- und Wissensmöglichkeiten in den Vordergrund, die in den

---

[5] Es sollte jedoch Abstand davon genommen werden, Differenzkonstruktionen von Subjekten – in ihrem Zusammenwirken von Wissen und Sein – (politisch) zu instrumentalisieren: „So gibt es beispielsweise einen potentiellen Widerspruch zwischen Konstruktionen von Differenz, die partikulare Differenzen zum Fokus von Identität machen und solchen, die politische Forderungen auf der Basis kategorischer Gleichheit (,wir') ablehnen" (Phoenix 2013: 184).

heterogenen Gesellschaften einer globalisierten Moderne zur Verfügung stehen. Individualität entsteht dabei weniger in Abhängigkeit von bestimmten „Persönlichkeitsmerkmalen" und deren sozialen Zuschreibungen wie Behinderung, Migrationshintergrund, Jugend. Ins Zentrum rücken stattdessen die Entscheidungsmöglichkeiten zwischen unterschiedlichen Ausdruckformen und deren individuelle Begründungen in bestimmten Situationen.

Um Lebensstile zu analysieren, erscheint der Ansatz der Sinus-Milieu Studien aufschlussreich, die seit den frühen 1980er Jahren bis zur letzten Aktualisierung 2010 kontinuierlich durchgeführt wurden (vgl. Thomas & Calmbach 2013: 12). Hierbei werden gesellschaftliche Bedingungen mit der subjektiven Wirklichkeit von Jugendlichen in Zusammenhang gebracht, wobei der Schwerpunkt auf der ganzheitlichen Erfassung der jugendlichen Lebenswelten liegt (vgl. ebd: 11f.).

Für die vorliegende Arbeit spielen darüber hinaus die unterschiedlichen diskursiven Bedeutungen eine Rolle, die sich zwischen den individuellen Begründungen und gesellschaftsstrukturellen Bedingungen ergeben. Mit Hilfe von Erving Goffmans Überlegungen zu „Inszenierungspraxen" wird eine Betrachtung dieser interpretativen Zwischenräume und der verschiedenen „Spielarten" möglich, die sich auf der „Vorderbühne" teilweise anders ausnehmen als auf der „Hinterbühne" (Goffman 2010: 145).

Im nächsten Kapitel wird auf die Gegebenheiten der „Bühnengestaltung" eingegangen, die den jugendlichen Akteuren mit Minderheitenstatus von gesellschaftlicher Seite als „Inklusionsräume" bereitgestellt werden (vgl. Kap. 5.3). Da diese Räume wandelbar sind und in Bezug auf ihre Akteure entstehen, die sich selbst im Entwicklungsprozess befinden, wird für diese gesellschaftlichen Rahmenbedingungen der Begriff der „gesellschaftlichen Entwicklungsaufgaben" eingeführt.

5. Gesellschaftliche Entwicklungsaufgaben – Diversity Education

Als gesellschaftliche Entwicklungsaufgaben möchte ich die sozialen Reaktionen in Bezug auf die individualisierten Entwicklungsaufgaben der beschriebenen Personengruppen bezeichnen. Einige allgemeinere Formen ihrer sozialen Be-Sonderung wurden bereits beschrieben. Unter anderem durch die damit verbundene Zuweisung von (institutionalisierten) Sonder-Orten ist ihr sozialer Ort gesellschafsstrukturell so festgelegt, dass von dort aus nicht alle gesellschaftlichen Ziele erreicht werden können, oder nur mit bestimmten Formen der Unterstützung. Ob diese eher als Hilfe oder als Kontrolle intendiert sind und von denjenigen, die diese in Anspruch nehmen, eher als Raum gebend oder einschränkend wahrgenommen werden, wird erst an späterer Stelle vertieft. Hier werden die aktuellen zielgruppenspezifischen Diskurse zur Förderung der Inklusion lediglich in ihren Grundzügen skizziert und ihre Chancen und Grenzen hinterfragt. Besonders wird auf (sozial-)pädagogische Unterstützungsmöglichkeiten eingegangen, indem die zugrunde liegenden Konstrukte sozialer Ungleichheit und deren Aufhebung hervorgehoben werden.

Als Grundlage dient Georg Auernheimers (2011) Frage, inwiefern Diversity und Intersektionalität neue Perspektiven für die Sozialarbeit darstellen, wenn man sie zu ihren geschichtlichen Anfängen zurückverfolgt.

Nach Auernheimer greift der Diversity Ansatz ein Nebeneinander von drei „Sonderpädagogiken" auf: Interkulturelle, feministische und integrative Pädagogik, jeweils bezogen auf die Emanzipation einer „Minderheitengruppe", d.h. Menschen mit Migrationshintergrund (vs. Menschen ohne Migrationshintergrund), Frauen (vs. Männer), Menschen mit Behinderung (vs. Menschen ohne Behinderung) (vgl. ebd.: 409). Hintergrund sind die in den 1960er Jahren begonnenen Entwicklungen der Globalisierung, sowie der Schwarzen- und der Frauenbewegung in den USA, die zu einem Kampf um Anerkennung (Identity Politics) und Verteilungsgerechtigkeit führten (vgl. ebd.: 410). Diese sozialen Bewegungen mündeten in gesellschaftliche Gleichstellungspolitiken, die am Beispiel der „Affirmative Action" in den USA nachzuvollziehen sind. Sie umfasst Maßnahmen, welche durch „positive Diskriminierung" die Jahrhunderte währende Ausbeutung v.a. von Afro-Amerikaner_innen ausgleichen sollte. In Unternehmen wurde sie durch Maßnahmen wie Quotenregelungen, Empowerment-Strategien oder der Unterstützung von Selbsthilfeinitiativen umgesetzt. Eine solche strategische Umsetzung von Diversity diente der Profilbildung, nutzte optimal die Ressourcen eines vielfältigen Personals, half, die Leistungsbereitschaft und Kreativität zu steigern und verbesserte das Marketing. In diesem Zusammenhang wird jedoch auf die Ambivalenz von Diversity in der Wirtschaft hingewiesen, die eine Ideologisierung sozialer Verhältnisse in den Vordergrund stellt, dabei aber deutlich das Interesse der Profitabilität verfolgt.

Als positive, wenn auch nicht intendierte, Nebeneffekte stellten sich ein Abbau von Benachteiligungen und eine Anerkennung von Lebensformen ein, welche zuvor nicht den Normalisierungspraktiken entsprachen. Dadurch wurde Diversity auch für die Pädagogik attraktiv, insbesondere in Zusammenhang mit der neueren Antidiskriminierungsgesetzgebung innerhalb der EU: Der Diversity Ansatz vermag die Vielfalt der Differenzlinien und die damit verbundenen Zuschreibungen und sozialen Ungleichheiten in den Blick zu nehmen (vgl. ebd.: 412).

Die Frage, ob Diversity Education die „Sonderpädagogiken" im Interesse von „Minderheiten" ersetzen kann, beantwortet Auernheimer wie folgt: Diversity kann als Zusammenwirken der „Sonderpädagogiken" gesehen werden, welche für Gleichberechtigung und Anerkennung der von Diskriminierung bedrohten „Minderheiten" eintreten. Ersetzen kann Diversity die einzelnen Teildisziplinen aber nicht, denn interkulturelle Pädagogik, Geschlechterpädagogik, Sonderpädagogik leisten ihren je eigenen Beitrag zur Überwindung der spezifischen Exklusionsprozesse der jeweiligen Zielgruppe (vgl. Auernheimer 2011: 415).

5.1 Gesellschaftliche Entwicklungsaufgaben in Bezug auf Jugendliche mit Migrationshintergrund.
Interkulturelle Öffnung – interkulturelle Kompetenz – Kultursensibilität

Interkulturelle Öffnung

In Anlehnung an den Diversity Ansatz wurde in sozial- bzw. schulpädagogischen Kontexten das Konzept der interkulturellen Öffnung eingesetzt, welches die Zuschreibungsdiskurse in Bezug auf Schülerinnen und Schüler mit Migrationshintergrund erweitert (vgl. Auernheimer 2011: 413).

Ein erster Begründungsdiskurs betont vor allem, dass Schule und Bildungssystem insgesamt der Vorbereitung auf ein Leben in gesellschaftlichen Verhältnissen dienen sollten, die von fortschreitender Globalisierung, Internationalisierung, europäischer Integration und anhaltenden Migrationsbewegungen geprägt sind. Themenbereiche für das Bildungssystem sind der Umgang mit Mehrsprachigkeit, räumlicher Mobilität, grenzüberschreitenden Beziehungsnetzwerken und favorisierten Lebensweisen. Dadurch beschäftigen sich Schülerinnen und Schüler nicht nur mit der sich fortsetzenden und weiter zunehmenden Zuwanderung anderer Menschen sondern auch mit der Möglichkeit der eigenen Migration in ein anderes Land, der Tätigkeit in einem internationalen Unternehmen oder der Orientierung an einer sprachlich und sozial heterogenen Kundschaft im Dienstleistungsbereich (vgl. Leiprecht 2009: 198).

Ein zweiter Begründungsdiskurs weist auf die Notwendigkeit eines angemessenen Umgangs mit Zuwanderung hin vor dem Hintergrund, dass jedes dritte Kind in Deutschland heute aus einer Familie mit Migrationshintergrund kommt, aber eine erhebliche soziale Schieflage besteht (vgl. ebd., sowie Auernheimer 2010). Die Leistungen von Bildungs- und Schulsystem, um Kindern und Jugendlichen mit Migrationshintergrund angemessene Bildungschancen zu gewähren, werden im Durchschnitt nach wie vor als unzureichend bezeichnet[6]. Solche Schieflagen im Bildungssystem können mittel- und langfristig sozialen Sprengstoff erzeugen, dem u.a. durch interkulturelle Öffnung der Schule entgegengewirkt werden könnte (vgl. Leiprecht 2009: 199).

Deutlich ist, dass beide Begründungsdiskurse sich ergänzen, unter der Voraussetzung, dass aus dem zweiten kein Verelendungsdiskurs wird: Migrationserfahrung, Mehrfachidentität, Multiperspektivität und Mehrsprachigkeit können gesellschaftlich nützliche Ressourcen sein. Bisher haben Organisationen im Bildungs- und Sozialbereich diese Ressourcen allerdings meist (noch) nicht in positiver Weise aufgegriffen sondern, ähnlich wie Politik und Medien, Migrationsprozesse eher negativ konnotiert (vgl. ebd.).

Wendet man den Blick von den genannten inhaltlichen (schul-)pädagogischen Konzepten von Diversity Education auf die personellen Kompetenzen, die zu deren Ausgestaltung gefordert sind, ist häufig die Rede von *interkultureller Kompetenz* und *Kultursensibilität*. Ich möchte hier allerdings die zahlreichen Veröffentlichungen zu Best-Practice-Modellen ausblenden, die sich schwerpunktmäßig an Menschen mit Migrationshintergrund als Klientel orientieren, ohne dabei das mehrheitsgesellschaftliche organisationale Bezugssystem einer ausgewogenen Überprüfung zu unterziehen (z.B. Fischer u.a. 2005, Hegemann u.a. 2009[7], Laabdallaoui

---

[6] Dies zeigen auch internationale Schulleistungsstudien, die auf eine enge Koppelung zwischen der Herkunft aus einer Familie mit Migrationshintergrund und mangelhafte schulische Lernerfolge hinweisen (vgl. ebd.).

[7] Hegemann und Oestereich (2009) sind zwei der zahlreichen Autor_innen, die sich im Gesundheits- und Pflegesystem mit dem Thema Migrationshintergrund auseinandersetzen und deren Leitideen zu kultursensiblen Serviceangeboten nicht über folgende Punkte hinausgehen: „Einführung eines Dolmetscher- und Übersetzungskonzepts, fremdsprachige Erstgespräche und Beratungsange-

u.a. 2010). Zwar ist es gerade im therapeutischen Kontext unabdingbar, genaue Hintergründe der jeweiligen (psychischen) Erkrankung aus der Perspektive der Patient_innen zu erfahren, die durch die Herkunftskultur geprägt sein können (vgl. Kutalek u.a. 2011, Kızılhan 2013). Auch die intersektionale Verschränkung der Kategorien Migrationshintergrund und Behinderung ist im Rahmen dieser Arbeit grundsätzlich von Interesse (vgl. Kolb u.a. 2004, Hennige 2005, Kohan 2012).

Da diese Zusammenhänge allerdings nur einen Teilaspekt der Lebenswelten Jugendlicher darstellen – auch wenn diese zusätzlich zu einem Migrationshintergrund psychische Erkrankungen bzw. Behinderungen aufweisen – soll hier bewusst eine Metaperspektive eingenommen werden. Dieser abstraktere Zugang erlaubt, die mehrheits- und minderheitsgesellschaftlichen Definitionen von Migration als inklusionsfördernde oder -hemmende Kategorien zu beleuchten und dadurch ein Verständnis für die Hintergründe herzustellen, die für die von den Jugendlichen selbst gewählten Denk-, Rede- und Handlungsweisen ausschlaggebend sind.

Interkulturelle Kompetenz – Kultursensibilität

Auf der Grundlage einer komplexen Erörterung von Zuschreibungsprozessen, die zu einer Zuordnung zu sogenannten „Migrationsanderen" führen, erläutert Paul Mecheril die auf diese bezogenen pädagogischen Konsequenzen, insbesondere mit Blick auf die historische Entwicklung von der „Ausländerpädagogik" zur „interkulturellen Pädagogik" (vgl. ders. 2004a: 90, ebenfalls Nohl 2010). Die dabei eingenommene Perspektive auf Interkulturalität ist mit neueren Diskussionen zur Transkulturalität vergleichbar (etwa Welsch 2010). Auf dieser Basis beantwortet Mecheril (2004b) die Frage, was interkulturelle Kompetenz sei, folgendermaßen:

- Erkenntnis der Gebundenheit des eigenen Denkens
- Erkenntnis der Kulturalität der eigenen Wertemuster
- Erhöhte Selbstreflexivität
- Heterogenitätskompetenz → Offenheit gegenüber Vielfalt
  → Thematisierung von Diversität
- Konfliktfähigkeitskompetenz (auch mit eigenen Standpunkten)
- Gleichzeitigkeit von Verstehen und Nicht-Verstehen
- Selbstironische Fehlerfreundlichkeit (vgl. ebd.: 126f.).

---

bote, strukturierte und transparente Behandlungspläne, Entwicklung kultur- und migrationssensibler Gruppenangebote, routinemäßige Migrationsanamnese, Übersetzung der wichtigsten Mitteilungen, Familienangebote, kultursensible Raumeinrichtung und Speisepläne" (ebd.: 109).

Die genannten Kompetenzen weisen darauf hin, dass die gesellschaftliche Entwicklungsaufgabe im Rahmen der Inklusion von Heranwachsenden mit Migrationshintergrund auf eine deutliche gesamtgesellschaftliche Öffnung ausgerichtet sein müsste. Zu erreichen wäre diese über curriculare, institutionelle und personelle Anpassungen, die eine Erweiterung der bisher nur mehrheitsgesellschaftlich anerkannten „Normalität" anstreben, welche eine Trennung in Mehrheits- und Minderheitsgesellschaften im Grunde nicht mehr zulässt (s. Kap. 2.1). Die Schwierigkeit, eine derartige Durchlässigkeit der Gesellschaft zu erreichen, liegt jedoch darin begründet, dass

"sich die Mehrheitsangehörigen das *Privileg* (sichern), in der Norm zu leben und ihre Normalität als verbindlich für die Anderen zu definieren. (…) Allerdings wird dies alles von ihnen meist nicht als Privileg empfunden, da es in der Selbstverständlichkeit der Normalität verborgen ist, und es scheint sehr viel leichter zu sein, die Diskriminierung der Anderen wahrzunehmen als eigene Privilegierungen zu erkennen" (Rommelspacher 2009: 32).

Die erforderliche Neu-Positionierung aller Gesellschaftsmitglieder bedeutet in diesem Zusammenhang

"nicht auf einer Position zu verharren und sich der Privilegien, die diese mit sich bringt, zu erfreuen. Sich positionieren heißt im Gegenteil (…), die eigene Perspektive zu überdenken und die Position aus der heraus gesprochen wird, zu einer unsicheren und damit angreifbaren zu machen" (Castro Varela 2008: 109).

Das von Birgit Rommelspacher geforderte *in Frage stellen der eigenen Normalität* und die von Maria Castro Varela propagierte *aktive Verunsicherung der individuellen gesellschaftlichen Position* stehen jeweils für Kultursensibilität, die m.E. eine Grundvoraussetzung für diversitätsbewusstes (sozial-)pädagogisches Handeln darstellt. Parallelen lassen sich bei der Personengruppe physisch oder psychisch behinderter Jugendlicher ausmachen.

5.2 Gesellschaftliche Entwicklungsaufgaben in Bezug auf Jugendliche mit Behinderung. Empowerment – Sozialraumorientierung – Enabling

Seit 2009 ist in Deutschland die UN-Behindertenrechtskonvention (UN-BRK) in Kraft (Beauftragter der Bundesregierung für die Belange behinderter Menschen 2010). Keiner ihrer 50 Artikel ist an sich neu, da sie allgemeinen Menschenrechten lediglich mehr Nachdruck verleihen in Bezug auf die Inklusion der nach wie vor diskriminierten Gruppe behinderter Menschen. Allerdings sind es insbesondere junge Menschen mit physischen und psychischen Behinderungen, für die die Umsetzung der UN-BRK Bedeutung erlangt. Sie treten verstärkt für die selbstbestimmte Gestaltung ihrer zukünftigen Lebens-, Arbeits- und Wohnformen ein, was sowohl institutionelle als auch individuelle Dynamiken auslöst. Dies geschieht im Sinne eines *Empowerment*, das „von unten nach oben" soziale Veränderungen auslösen kann. Hervorgebracht wird diese Selbst-Ermächtigung durch die Selbstbestimmung einzelner Betroffener, was in der Folge für deren soziale Gruppe („behinderte Menschen") und die Mehrheitsgesellschaft neue Voraussetzungen schafft (vgl. z.B. Theunissen 2008, Knuf 2006). Aufgrund der Wechselbeziehungen zwischen dem jeweiligen individuellen Ziel und dem der gesellschaftlich zugeschriebenen Gruppe, welche durch gemeinsame Aktivitäten in Beziehung treten, können neue Solidaritäten entstehen (vgl. Brecher u.a. 2000)[8].

So haben sich im Zuge der Entwicklungsaufgaben, die die Umsetzung der UN-BRK gesamtgesellschaftlich mit sich bringt, einige Fachverbände und -wissenschaftler_innen mit den Anliegen der Betroffenen solidarisiert und insbesondere auf bildungs- und arbeitsmarktpolitischer Ebene auf notwendige strukturelle Veränderungen hingewiesen. Diese gehen in eine ähnliche Richtung wie die Forderungen, die zuvor für die soziale Gruppe der Jugendlichen mit Migrationshintergrund formuliert wurden und weisen zum Teil auch explizit intersektionale Zusammenhänge auf[9].

---

[8] "Seeing that other people share similar experiences, perceptions, and feelings opens a new set of possibilities. Perhaps collectively we can act in ways that have impacts isolated individuals could never dream of having alone. And if we feel this way, perhaps others do, too. This group formation process constructs new solidarities. Once a consciousness of the need for solidarity develops, it becomes impossible to say whether participants' motives are altruistic or selfish, because the interest of the individual and the collective interest are no longer in conflict; they are perceived as one" (Brecher, u.a. 2000: 20).

[9] Einige Fachtagungen zum Thema hatten Titel wie „Doppelt diskriminiert? Migrantinnen und Migranten mit Behinderung und ihre Teilhabe am Erwerbsleben" (vgl. StadtImpuls 2012), „Inklusion und Sozialraum – Behindertenrecht und Behindertenpolitik in der Kommune" (vgl. Banafsche 2012), „Die Verankerung der UN-Konvention für die Rechte von Menschen mit Behinderungen –

Siedelt man die Forderungen auf der Ebene des direkten sozialen Nahraums der Jugendlichen mit Behinderung an, werden die *sozialräumlich*en Dimensionen dieser Diskussion deutlich[10]. Besonders das Konzept der *Enabling Communities* eröffnet neue Denkweisen von Inklusion. Es zielt darauf ab,

> „insbesondere Menschen, die in den Repräsentationsformen des Gemeinwesens bisher geringgeschätzt oder ignoriert, jedenfalls nicht anerkannt sind (z.B. ‚bildungsferne' Milieus, Menschen mit Behinderung oder psychischer Erkrankung, Menschen mit Migrationsgeschichte, etc.) stärker in die vorfindlichen Bildungs- und Sozialarrangements einzubeziehen. Bildung im umfassenden Sinne befähigt zur wechselseitigen sozialen Anerkennung und fördert solche Kooperations- und Kommunikationskompetenzen, die für die Entwicklung von Enabling Communities von erheblicher Bedeutung sind" (Haas & Treber 2009: 11f.).

Diese neuen Sozialarrangements, die von allen ihren Mitgliedern gleichermaßen gestaltet werden sollten, erfordern eine funktionale Neubestimmung und Re-Institutionalisierung (vgl. Brachmann 2011[11]). Eine zentrale Zielsetzung besteht darin, einen Lebensraum zu schaffen, in dem die für nachmoderne Gesellschaften charakteristischen Wohnfunktionen einschließlich der Deckung des jeweiligen individuellen Hilfebedarfes weitestgehend sichergestellt werden können (vgl. ebd.: 180). Entscheidend ist dabei das Grundprinzip des „Enabling", an dem sich die Konzeptionierung und Realisierung dieser institutionell gestalteten Lebensräume bei aller Unterschiedlichkeit auszurichten hat. „Enabling" bedeutet in der Konkretisierung der Alltagswirklichkeit für Menschen mit Behinderung:

- Schaffung und Schutz eines privaten Raumes zur Wahrung der Intimsphäre und der Gestaltung sozial-intimer Beziehungen,
- Ermöglichung einer individuellen biografischen Entwicklung unter besonderer Berücksichtigung der Herausbildung einer eigenen Identität,

---

den Prozess mitgestalten" (vgl. Kurzke-Maasmeier 2009), „Toleranz fördern – Kompetenz stärken. Migration und Behinderung in der WfbM" (vgl. Sauer 2013).

[10] Ein aktueller Diskurs, dem hier nicht weiter nachgegangen werden kann, ist der der „jungen Wilden", die sich in den bisher üblichen Settings der Behindertenhilfe nicht mehr „einordnen" lassen, da sie den traditionellen Beschreibungen ihrer „Zielgruppe" und darauf abgestimmten Hilfsangeboten (teils aktiv und bewusst) widersprechen.

[11] Laut Brachmann (2011) könnten diese auch zur Überwindung der aktuell vorherrschenden Legitimationskrise von Wohneinrichtungen für Menschen mit (geistiger) Behinderung beitragen.

- Verständnis und gelebte Anerkennung von Behinderung als wertgeschätzte Differenz einschließlich der Unterstützung zur Entfaltung der jeweils individuellen Einzigartigkeit und Originalität,
- konsequent kompetenzorientierte Ausrichtung und personenzentrierte Umsetzung aller Leistungsangebote zur Unterstützung und Begleitung bei der Alltagsbewältigung, der Freizeitgestaltung, der Erschließung von Teilhabechancen, der Entwicklung der Kommunikation und Mobilität, der Bewältigung psycho-sozialer Probleme und der Gestaltung sozialer Beziehungen
- Schaffung bildender Bedingungen und adäquater Bildungsangebote mit dem Ziel der Kompetenzaneignung und -entwicklung als wichtiger Voraussetzung einer Befähigung zur Lebensbewältigung sowie der Ermöglichung von Selbstbestimmung und Teilhabe (vgl. ebd.: 181).

Auf diese Art und Weise gestaltete Lebensräume würden damit „Inklusionsräume" bilden, die ihre behinderten und nicht behinderten Bewohner_innen zur eigenen selbstbestimmten Lebensführung und -gestaltung ermutigen, ermächtigen und befähigen. „Enabling" schließt die Entwicklung einer Kultur gegenseitigen Respekts, der Anerkennung und Wertschätzung wesentlich ein. Dies mit deshalb, da eine solche Re-Institutionalisierung eine Veränderung der Interaktionen zwischen Menschen mit erhöhtem Unterstützungsbedarf und den unterstützenden (Fach-)personen erfordert, ebenso wie ein erweitertes professionelles Selbstverständnis (vgl. ebd.: 182).

Zusammengefasst besteht die gesellschaftliche Entwicklungsaufgabe in Bezug auf junge Menschen mit und ohne Behinderungen (und Migrationshintergrund) darin, sich in Richtung gemeinschaftlich geteilter Lebensräume zu orientieren, die gegenseitiges Lernen ermöglichen und sich sowohl in privaten, schulischen, beruflichen und (re-)kreativen Lebenszusammenhängen realisieren. Dass dies bereits heute ansatzweise gelingt, zeigen Best-Practice-Beispiele aus den Bereichen Wohnen, Leben, Arbeit und Freizeit, die Inklusion, Partizipation und Empowerment anstreben (vgl. z.B. Schwalb & Theunissen 2012, Boban 2012).

5.3 Re-kreative Gestaltungsmöglichkeiten von Inklusionsräumen als diskursive Praxen

Die Bezeichnung jugend-kultureller (Freizeit-)Aktivitäten als re-kreative gesellschaftliche Gestaltungsmöglichkeiten möchte ich einführen, um die Qualitäten der *Re-kreation* hervorzuheben, die in einem Spektrum zwischen *sich erholen, wieder herstellen, kräftigen, neu beschaffen, neu erschaffen, neu beleben* angesiedelt sind (vgl. Wahrig-Burfeind 1999: 804). Gerade Jugendliche nutzen re-kreative Gestaltungsmöglichkeiten als identitätsstiftende Momente ihrer individuellen biographischen Entwicklung (vgl. Ferchhoff (2013) und Hurrelmann (2012b), Kap. 2.1). In der Arbeit mit *Jugendlichen mit Migrationshintergrund* haben insbesondere kulturelle Freizeitangebote eine längere Tradition und genießen auch in der Außenwahrnehmung ein relativ hohes Ansehen. Als Indikatoren für Integration werden Aktionen von und mit Personen mit Migrationshintergrund beispielsweise bei öffentlichen Veranstaltungen gesehen, die die „Buntheit" oder „Vielfalt" der Teilnehmenden hervorheben, wie z.B. dem Berliner „Karneval der Kulturen" oder auch im kleineren Rahmen veranstalteten Stadtfesten, die „exotische" kulinarische oder folkloristische Angebote für diesen Anlass in ihr Zentrum rücken.

Im Kontext (sozial-)pädagogischer Arbeit durchgeführte Projekte, die durch kulturelle Aktivität positive Integrationsanreize vermitteln sollen, erlangen Großaktionen wie Simon Rattles „Rhythm is it" internationale Anerkennung. In kleineren Dimensionen können aber auch lokal veranstaltete kreative Projekte öffentlichkeitswirksam werden, z.B. HipHop-Events (mit Graffiti-Galerien, Breakdance-Contests, Hip-Hop-Battles, DJing), Streetball-Turniere, Improtheater, Poetry-Slams, Lomo-Fotografie-Ausstellungen, Capoeira-Shows etc.[12]. Sowohl international angelegte Großprojekte als auch kleine, sozialraumorientierte Veranstaltungen sind mit öffentlichen Präsentationen verbunden, die über den angestammten, tendenziell marginalisierten Sozialraum einer „Migrantenkultur" hinausgehen. Verbindendes Element sind die jeweils enthaltenen Ausdrucksformen Tanz, Bewegung, Musik, Sprache, bildnerisches Gestalten, die sowohl zwischen den Akteuren als auch zwischen Teilnehmenden und Publikum als Kommunikationsmedien dienen.

An dieser Stelle sei darauf hingewiesen, dass die Bedeutungskontexte, die durch diese Medien kulturell encodiert sind, auf unterschiedliche Weise decodiert werden. Darstellende und Publikum bringen ihre je eigenen subjektiven Begründungsmuster für die Darbietungen ein. Bei der Rezeption kultureller Produktionen von Menschen mit Migrationshintergrund variieren die Dekodierungsmuster zwischen einer Fokussierung auf Defizite oder auf Ressourcen, die entweder auf die Etablierung einer „kulturellen Identität" oder auf Diskriminierung ausgerichtet sein können. Diese greifen auch aktuell noch die inzwischen weitgehend überholten erziehungswissenschaftlichen Diskurse „über ‚Ausländer(-kinder)', ‚Migranten (-jugendliche)', ‚Allochthone', ‚Fremde'" auf (vgl. Mecheril 2004: 100).

---

[12] Zu jugendkulturellen Ausdrucksformen in der Migrationsgesellschaft s. auch Karakaşoğlu 2013: 221-224.

Der erste Diskurs diagnostiziert die Zugehörigkeit zu einer fremden Kultur als Rückstand, den es aufzuholen gilt, um an der Mehrheitsgesellschaft teilzuhaben. Er ist tendenziell ethnozentristisch und definiert Migrationsandere als Minderbemittelte (vgl. ebd.: 100f.).

Im Gegensatz dazu betrachtet der zweite Diskurs kulturelle Zugehörigkeit als Ressource für soziale Handlungsfähigkeit und in diesem Zusammenhang auch Multikulturalität als grundsätzlich identitätsstiftend. Allerdings reduziert dieser Diskurs Migrationsandere auf kulturelle Merkmale, aufgrund derer sie generell als „die Anderen" bezeichnet werden können, ohne weitere intersektionale Verknüpfungen in Erwägung zu ziehen. Dieser Prozess des „Othering" ist (wie der erste) mehrheitsgesellschaftlich dominiert, legt allerdings mehr Wert auf die Ressourcen, die mit einem „Migrationshintergrund" in Verbindung gebracht werden (vgl. ebd.: 102f.). Die ersten beiden Diskurse argumentieren kulturalistisch. Demgegenüber richten die nächsten beiden den Blick auf Diskriminierung.

So stellt der dritte Diskurs die soziale Ungleichheit, die sich an der Kategorie Migrationshintergrund festmacht, in den Vordergrund. Wie in Kap. 5.1 am Beispiel des Schul- und Bildungssystems aufgezeigt (vgl. Leiprecht 2009, Auernheimer 2010) werden Migrationsandere als systematisch ausgeschlossene Opfer exkludierender sozialer Praktiken dargestellt (vgl. Mecheril 2004: 103f.).

Im vierten Diskurs wird den mehrfach diskriminierenden sozialen Praxen die Handlungsfähigkeit der diskriminierten Subjekte gegenübergestellt. Diese können dadurch selbst Position beziehen, indem ihnen „in einem fundamentalen Sinne Prüf-, Deutungs- und praktische Stellungnahmefähigkeit zugestanden wird, die sie in die Lage versetzen, auch marginalisierte und restringierte Aufenthaltsräume prinzipiell sinnvoll zu gestalten" (ebd.: 104). Zugunsten dieser Perspektive, die Migrationsandere als Handlungssubjekte wahrnimmt, treten allerdings deren strukturelle Benachteiligungen so weit in den Hintergrund, dass sich daraus Paradoxien der Subjektorientierung entwickeln können, die in Selbstüberschätzungen münden können (ebd.: 104f.)

Die hier dargestellten Diskurse haben jeweils darauf bezogene pädagogische Konzepte zur Folge: Je nachdem, ob jugendliche Migrationsandere als Minderbemittelte, *die* Anderen, Opfer oder Handlungssubjekte kategorisiert werden, fokussieren pädagogische Maßnahmen schwerpunktmäßig deren Förderung, Anpassung, strukturellen Nachteilsausgleich oder Empowerment. Ähnliche Zuschreibungsprozesse – wenngleich wohl nicht so reflektiert wie in Mecherils Analyse – laufen bei einem Laienpublikum ab, wenn es mit verschiedenen Formen postmigrantischer jugendkultureller Performance konfrontiert ist.

Sowohl kulturalistisch als auch auf Diskriminierung ausgerichtete Diskurse suggerieren ein *Othering* durch Lesarten, die das Merkmal Migrationshintergrund mit sozialen Besonderungen verknüpfen. Diese Decodierungen werden von den jugendlichen Akteuren teilweise wieder aufgegriffen und als Persiflagen oder selbststigmatisierende Klischees aufs Neue encodiert. Die Kanak Attak-Bewegung der 1990er Jahre kann als einer der Ausgangspunkte für individuelle Neupositionierungen im laufenden Diskurs um Zugehörigkeit und Anerkennung gesehen werden[13]. Seither haben sich insbesondere durch die neuen Medien zahlreiche Varianten der Selbstdarstellung ergeben, die ständig neue Bezüge zwischen Selbst- und Fremdwahrnehmung herstellen. Dabei geschehen Durchmischungen weiterer intersektionaler Kategorisierungen, die neben dem Migrationshintergrund auch den sozialen Status, sowie Geschlecht, Gender und Generationszugehörigkeit inszenieren[14]. Dadurch könnte tendenziell auch die Kategorie Migrationshintergrund, die autochthone und allochthone Zugehörigkeit bislang zum zentralen Unterscheidungsmerkmal macht, eine Verschiebung erfahren.

Für *Jugendliche mit Behinderungen* wird das Potenzial re-kreativer Aktivitäten seit ca. zehn Jahren erschlossen (vgl. z.B. Theunissen 2000, Markowetz 2012), dennoch steht die Entwicklung sogenannter inklusiver kultureller Freizeitangebote noch am Beginn, vor allem, was deren öffentliche Wahrnehmung und Wertschätzung betrifft. Noch häufig werden im öffentlichen Raum stattfindende (Freizeit-)Aktivitäten Jugendlicher mit Behinderungen eher auf Kriterien ihrer integrativen Effizienz hin begutachtet. Von der Öffentlichkeit wird sozusagen das Ergebnis pädagogischer Maßnahmen bewertet (wie sie von Mecheril für jugendliche Migrationsandere dargestellt wurden), ohne ernsthaft die Perspektive der Jugendlichen (vgl. vierte Diskursebene) wahrzunehmen. Die öffentliche Meinung scheint noch stark von den ersten drei Diskursen geprägt, die bis vor einigen Jahrzehnten noch als Grundlage „pädagogisch sinnvoller" Maßnahmen galten, die behinderte Menschen im „geschützten", d.h. nicht öffentlichen Rahmen besonders fördern sollten.

---

[13] „Kanak Attak ist ein selbstgewählter Zusammenschluß verschiedener Leute über die Grenzen zugeschriebener, quasi mit in die Wiege gelegter ‚Identitäten' hinweg. (...) Wir wenden uns schlicht gegen jeden und alles, was Menschen ausbeutet, unterdrückt und erniedrigt. Erfahrungen, die keineswegs nur auf die sog. ‚Erste Generation' von Migranten beschränkt bleiben. Das Interventionsfeld von Kanak Attak reicht von der Kritik an politisch-ökonomischen Herrschaftsverhältnissen und kulturindustriellen Verwertungsmechanismen bis hin zu einer Auseinandersetzung mit Alltagsphänomenen in Almanya" (Kanak Attak 1998).

[14] Z.B. der 2009 erschienene Kinofilm des jungen türkischen Regisseurs Sinan Akkus *Evet, ich will*, der von der Kritik als „Statement zum multikulturellen Durcheinander" begriffen wird (Diesselhorst 2009).

Beispielhaft sei hier das integrative Musikprojekt „Soulhossas" genannt, in dem jugendliche Bewohner einer Behinderteneinrichtung unter pädagogischer Anleitung als Band spielen. Diese tritt sowohl anlässlich einrichtungsinterner Feste als auch bei öffentlichen Veranstaltungen in und außerhalb der Region auf und gab auch einmal im Schloss Bellevue ein Konzert[15]. Mit einer eigenen Homepage sind sie im Internet präsent und werden als Beispiel erfolgreicher Integration gehandelt (https://myspace.com/soulhossas/music/songs). Die öffentliche Wahrnehmung von Projekten wie dieser Band changiert zwischen *Respekt*, dass Jugendliche trotz ihrer Behinderung das Bandspiel im Rahmen ihrer Möglichkeiten beherrschen und *Mitleid*, dass offensichtlich an normalen jugendkulturellen Ausdrucksformen interessierte Jugendliche sichtlich eingeschränkt sind.

Beiden Auffassungen kann auch ein gewisser Voyeurismus, der die mehrheitsgesellschaftliche Position durch den Vergleich mit der „behinderten" Minderheit aufwertet, zugrunde liegen – ein Mechanismus, der bereits den früheren „Freak-Shows" innewohnte und bis heute in moderner Form medial präsent ist[16]: Die Darstellung von Behinderung in den Medien verfügt häufig nur über zwei Zuschreibungen für Menschen mit Behinderung: Entweder es wird auf das *Leid*, das Menschen durch ihre Behinderung tragen, abgehoben (behinderte Menschen als Minderbemittelte, *die* Anderen, Opfer – in Anlehnung an Mecheril 2004) oder auf die *Heldenhaftigkeit*, mit der sie die Behinderung auf sich nehmen (behinderte Menschen als Handlungssubjekte). Zwischen diesen gesellschaftlich vorgenommenen Kategorisierungen besteht kaum Interpretationsspielraum für eine dazwischen liegende Normalität – ungeachtet dessen, dass die Existenz von Menschen, die nicht an ihrer Behinderung *leiden* oder diese *bezwingen* sondern einfach *mit* ihr leben, nicht zu bestreiten ist[17].

---

[15] Im Rahmen der von der Aktion Mensch organisierten Veranstaltung *Den Zusammenhalt fördern – in einer Gesellschaft der Vielfalt* Ende 2010 Download unter http://www.gea.de/region+reutlingen/ reutlingen/soulhossas+rocken+schloss+bellevue.1662666.htm Zugriff: 01.09.2013.

[16] „Elemente der Freakshows, der Kuriositätenkabinette oder der Hofnarren kann man auch in heutigen medialen Darstellungen behinderter Menschen wieder entdecken. (…) Es ist die Übertretung von scheinbar naturgegebenen Grenzen, das Aufwirbeln einer als unverrückbar gedachten Ordnung der Körper, die immer noch erschreckt und fasziniert zugleich. In der Präsenz des ungewöhnlichen Körpers wird der „gewöhnliche Körper" hinterfragt und zugleich immer wieder als „normal" bestätigt – ein Beruhigungsmittel in einer Zeit, in der Schönheits- und Fitnessideale ein immer strengeres normierendes Regime führen, dem kaum ein Körper ganz entsprechen kann"
(http://leidmedien.de/sprache-kultur-und-politik/monster-freaks-und-kuriositaten-historische-figuren/ Zugriff: 01.09.2013). Dieser Mechanismus ähnelt dem „exotistischen" Blick auf Jugendliche mit Migrationshintergrund.

[17] Vgl. http://leidmedien.de/uber_uns/uber-menschen-mit-behinderung-berichten/ Zugriff: 01.09.2013.

Hinzu kommt, dass Behinderung in der Berichterstattung, der öffentlichen Meinung und auch partiell in den Fachwissenschaften ein Merkmal ist, was alle anderen intersektionalen Komponenten von Identität dominiert. Dieses Phänomen hat Goffman bereits 1963 als *Stigma* beschrieben, welches die Identität wesentlich schädigt und bestimmte Techniken der Bewältigung erforderlich macht (vgl. Goffman 1994). Goffmans „Identitätsmanagement" beinhaltet, „dass sich die Subjekte bewusst darum bemühen, das gesamtgesellschaftliche Normgefüge interaktiv (wieder-)herzustellen, kurz, Kontrolle über sich selbst und andere auszuüben" (Waldschmidt 2007: 34).

Welche Herausforderungen dies für Jugendliche mit Behinderung bedeutet, zeichnete sich bereits in den Überlegungen zu Normalität ab (vgl. Kap. 4), da die Möglichkeit, eine eigene Identität auszubilden, indem die Differenz als „Lifestyle" verstanden wird, gesellschaftlich kaum anerkannt ist. „Tatsächlich müssen sich Menschen mit einer Behinderung, die sagen, dass ihre Behinderung ein wichtiger Teil von ihnen ist, der sie mit ausmacht und sie diese daher nicht ausmerzen wollen, oft verteidigen" (Lüke 2006: 135).

Ein aktuelles Beispiel, wie junge Menschen mit Behinderungen sich mit einer solchen Einstellung aktiv in den medialen Diskurs einbringen, ist die Homepage *www.leidmedien.de – Über Menschen mit Behinderung berichten*. Sie versteht sich als Online-Ratgeber und macht auf Klischees und Alternativen sprachlicher Kategorisierungen aufmerksam.

Beispiele wie diese zeigen, was Goffman mit der Interaktivität von Stigmatisierung meint: Im Prinzip kann zwischen allen Gesellschaftsmitgliedern immer wieder neu ausgehandelt werden, wer als stigmatisiert, d.h. einer Minderheit zugehörig, und wer als „normal", d.h. der Mehrheitsgesellschaft zugehörig, gilt. Im Sinne Goffmans soll im weiteren Verlauf der Arbeit die Handlungsebene der Jugendlichen mit Migrationshintergrund und/oder Behinderung besonders beleuchtet werden. Diese Perspektive nimmt die betroffenen Jugendlichen als Handlungssubjekte ernst und kontrastiert die bisher eher mehrheitsgesellschaftlich dominierten Diskurse.

Das nächste Kapitel widmet sich speziell den musikalischen Ausdrucksformen Jugendlicher. Zunächst werden die Eigenschaften von Musik als Medium der Kommunikation in pädagogisch-therapeutischen Settings skizziert. Diese werden aus Sicht von Expert_innen ergänzt, die sozial- oder musikpädagogisch, bzw. musiktherapeutisch mit Jugendlichen arbeiten.

6. Musik als Medium der Kommunikation in pädagogisch-therapeutischen Settings

Der Musikpädagoge und -therapeut Hartmut Kapteina stellt einer Definition über Musiktherapie folgenden Zusammenhang voran, der besonders auf die *subjektiven Begründungen* musikalischer Präferenzen Bezug nimmt:

> „Für viele Menschen ist die Verbindung zwischen ‚Musik' und ‚Therapie' offensichtlich, vor allem wenn sie neben ihrem Unterhaltungswert entdeckt haben, wie Musik zur eigenen psychischen Stabilisierung beiträgt" (Kapteina 2009: 8).

In dieser Aussage stehen das alltägliche Erleben von Musik und deren therapeutische Effekte in enger Verbindung. Die potenziell therapeutischen Qualitäten von Musik werden bereits im rezeptiven Musikerleben wahrgenommen. Dadurch wird – im Gegensatz zu anderen künstlerischen Ausdrucksformen – deutlich, wie selbstverständlich Musik als Teil alltäglicher Lebenswelten gesehen wird.

Nimmt man eine jugendkulturelle alltagsorientierte Perspektive ein, erscheint die therapeutische „Überhöhung" von Musik geradezu vernachlässigbar: Geht es um den Unterhaltungswert, kann dies einerseits mit einem künstlerischen Anspruch verknüpft sein, andererseits mit eigener Identifikation mit bestimmten Musikstilen oder Abgrenzung von anderen Musikkulturen. Auch der Aspekt der emotionalen Stabilisierung muss nicht mit einer „Therapeutisierung" von Musik einhergehen, die bewusst von Jugendlichen gesucht wird. Vielmehr könnte der ausgleichende Effekt von Musik als „Nebenwirkung" dargestellt werden, der dann eintritt, wenn Musik mit verschiedenen emotional besetzten Kontexten verbunden wird (etwa Partystimmung, Chill-Out, Aggressivität, Rückzug, vgl. Sauer u.a. 2004[18]). Eine bestimmte „Wirkung" klar eingrenzbarer Musikarten existiert aus der individuellen Sicht von Jugendlichen nicht per se. Nur wenn diese dazu disponiert sind, sie wirken zu lassen, kann es zu Aussagen kommen wie „Metal entspannt mich", „Mit Schlager komme ich gut drauf" etc. (vgl. ebd.).

---

[18] Es handelt sich um eine Vergleichsstudie, die mit Jugendlichen mit und ohne psychische Erkrankungen durchgeführt wurde. Ein wichtiges Ergebnis war, dass sich beide Vergleichsgruppen in Bezug auf ihre Beschäftigung mit Musik nicht grundsätzlich unterschieden.

Was demgegenüber pädagogisch-therapeutisch intendiert sein kann, wenn Musik als Medium eingesetzt wird, weist über den Bereich des rezeptiven Musikerlebens hinaus und bezieht die aktive musikalische Gestaltung in bestimmten sozialen Konstellationen ein: Die Kommunikation zwischen Therapeut_in und Klient_in/innen erlaubt eine Auseinandersetzung mit *sozial vermittelten Bedeutungen* subjektiven Erlebens. Diese musiktherapeutischen Settings sind bewusst gewählt, um die in Kap. 3 genannten Inklusionsprozesse von Jugendlichen während einer Phase des erhöhten Unterstützungsbedarfs zu begleiten[19]:

> „In der Musiktherapie versuchen wir, über Musik Kontakt zu anderen Menschen herzustellen. Wir können beobachten, wie Klienten die Musik benutzen, um Probleme in der Kommunikation zu überwinden. Über viele Jahre galt (…) Musiktherapie als der gezielte Einsatz von Musik bei Behandlung, Rehabilitation, und Erziehung von Kindern und Erwachsenen, die an physischen, psychischen und emotionalen Störungen leiden (…). Andere Definitionen heben Verhaltensänderungen hervor, die durch Musiktherapie bewirkt werden und die sich innerhalb des kreativen Verlaufs einer therapeutischen Beziehung entwickeln" (Kapteina 2009: 8).

Hier erfährt der gezielte, therapeutisch orientierte Einsatz von Musik eine Erweiterung um pädagogische und sozialpädagogische Ausrichtungen. Gerade in der sozialen Kulturarbeit wird das Medium Musik als Kommunikationsform eingesetzt um ein Empowerment der Zielgruppen anzustreben und damit eine grundsätzliche Veränderung *gesellschaftlich-struktureller Bedingungen* (vgl. Kap. 5.2). Beim pädagogisch angeleiteten Bandspiel von Menschen mit Behinderungen ist etwa von einer „jugendkulturellen Befreiung aus dem Stigma der Behinderung" die Rede, bei der „die Adressaten vielleicht ein bisschen lauter und schriller sein (dürfen) als in anderen Zusammenhängen und (…) ihre Lust am Spiel mit Musik und mit Rollen ausagieren" (Hill 2004: 98). Für die Zielgruppe von Kindern mit Migrationshintergrund werden ähnliche Perspektiven formuliert: Durch „Zuhören und Sich-Gehör-Verschaffen" als Erfahrung von Resonanz werden Selbstwirksamkeit, Selbstbewusstsein oder das Erleben von Zugehörigkeit ermöglicht (vgl. Weyand 2010: 56).

---

[19] Zur genauen Abgrenzung zwischen Musikpädagogik und Musiktherapie vgl. z.B. Hartogh & Wickel 2004: 52.

Im besten Fall können zielgruppenübergreifend Schnittfelder zwischen musikpädagogischen und musiktherapeutischen Ansätzen genutzt werden und auf der Ebene sozialraumorientierter Sozialer Arbeit fallunspezifisch zum Gelingen von Inklusionsprozessen beitragen.

Aus pädagogischer Sicht erscheint insbesondere die *Medienpädagogik* als geeigneter Ansatz. Sie wirkt auf Kommunikationsbildung hin, wobei Kommunikation als Vorgang der Verständigung und Begegnung zwischen Menschen gesehen wird, die miteinander Wirklichkeiten vereinbaren und neue Inhalte produzieren (vgl. Costa dos Santos 2009: 39). Zwischen Medienpädagogik und gesellschaftlicher Entwicklung besteht daher ein enger Zusammenhang, der davon ausgeht, dass kulturelle (Musik-)Projekte Einfluss auf gemeinschaftliche Selbstorganisation und Kommunikationsstrukturen nehmen können (s. auch Boban 2008 und Kap. 10).

Zur Umsetzung dieser Ausrichtung könnte das musiktherapeutische Konzept der *Community Music Therapy* herangezogen werden (vgl. Weyand 2010), bei dem das Medium Musik eines von verschiedenen verbindenden Elementen darstellt, die zwischen den einzelnen Mitgliedern eines gemeinsamen Sozialraums identitäts- und gemeinschaftsstiftende Potenziale freisetzen. Medienpädagogik und Community Music Therapy sind m.E. gewinnbringend vereinbar, insbesondere wenn sie im Rahmen einer Enabling Community verortet sind (vgl. Kap. 5.2).

7. Vermessung von Inklusionsräumen aus Sicht von Expert_innen

Die hier gegebene Konstellation aus Musik, Therapie und Sozialer Arbeit, wird in den nachfolgend zusammengestellten Interviews thematisiert. Die Interviewees sind jeweils Fachpersonen aus dem beschriebenen Schnittfeld professioneller Kontexte und beschäftigen sich mit Jugendlichen mit und ohne Migrationshintergrund, psychischen oder physischen Behinderungen. Es handelt sich um

- die Chefärztin einer Abteilung für Kinder- und Jugendpsychiatrie, u.a. mit den Tätigkeitsschwerpunkten interkulturelle Kinder- und Jugendpsychiatrie, integrative Psychotherapie mit Kindern und Jugendlichen[20],
- einen dort angestellten Musiktherapeuten und Jugend- und Heimerzieher, der außerhalb der Klinik noch weitere sozialpädagogische Aufgaben mit unterschiedlicher Klientel wahrnimmt[21],
- eine Musiktherapeutin (ebenfalls Psychotherapeutin, Diplom-Sozialarbeiterin, Musikerin) mit den Arbeitsbereichen ambulante Musiktherapie, integrative Musikarbeit mit Migrant_innen, entwicklungspolitische Bildung über Musik für Kinder, Jugendliche und Familien, etc[22].

Methodisch wurden die Interviews als *Experteninterviews* geführt (vgl. z.B. Gläser & Laudel 2006, Bogner u.a. 2005) und mittels qualitativer Inhaltsanalyse ausgewertet (vgl. z.B. Mayring 2010)[23].

Inhaltlich stellen die Interviews den Bezug zu den in Kap. 2.1. dargestellten Ebenen gesellschaftlicher Teilhabemöglichkeiten her, die in diesem Kapitel in ihrer Bedeutung für musikpädagogische und -therapeutische Überlegungen aufgegriffen wurden. Leitend waren Frage-Cluster zu

---

[20] Im Folgenden mit Verweis auf Interview 1 (I 1).
[21] Im Folgenden mit Verweis auf Interview 2 (I 2).
[22] Im Folgenden mit Verweis auf Interview 3 (I 3).
[23] „Die qualitative Inhaltsanalyse ermöglicht eine systematische Extraktion relevanter Informationen aus den Interviews und ist zugleich offen für nicht erwartete Befunde" (Gläser & Laudel 2006: Klappentext).

a) den verschiedenen Klientelgruppen und den allenfalls auftretenden Unterschieden im Rahmen musikalischer Aktivitäten (vgl. *subjektive Begründungen*)
b) den möglichen Kommunikationsformen, die sich musikalisch und sozial in Situationen gemeinsamen Musizierens ausbilden (vgl. *soziokulturell vermittelte Bedeutungen*)
c) den Möglichkeiten der Verknüpfung musiktherapeutisch orientierter Projekte mit dem jeweiligen institutionellen Kontext (z.B. Psychiatrie, Tagesklinik, Stadt), sowie dem sozialräumlichen, lebensweltlichen Kontext (vgl. *gesellschaftlich-strukturelle Bedingungen*)

Entlang dieser Fragecluster werden die Ergebnisse der Gespräche im Folgenden zusammengeführt.

7.1 Gemeinsamkeiten und Unterschiede verschiedener Klientelgruppen beim Musizieren *(subjektive Begründungen)*

In Bezug auf das Unterscheidungsmerkmal *Migrationshintergrund* reflektierten die Befragten jeweils aktuelle Fälle aus ihrer Praxis, bei denen ein Migrationshintergrund bekannt war. Gemeinsamkeiten mit anderen Klientelgruppen ohne Migrationshintergrund wurden darin gesehen, dass der Musikgeschmack der Jugendlichen sehr ähnlich sei und sich tendenziell am popkulturellen Mainstream orientierte, auch wenn demgegenüber eine individuelle (teilweise eigenkreative, teilweise distanzierte) Position eingenommen wurde. Interessant ist, dass in den folgenden Aussagen einerseits die subjektiven Begründungen der Jugendlichen enthalten sind, die sie „auf der Vorderbühne" des therapeutischen Settings äußern. Gleichzeitig wird aber die „Hinterbühne" anderer sozialer Zusammenhänge erkennbar, in denen unterschiedliche sozial vermittelte Bedeutungen zum Tragen kommen, die darauf schließen lassen, dass die Jugendlichen sich noch mit weiteren Rollen als der präsentierten auseinandersetzen. Aus Sicht des jugendpsychiatrischen Musiktherapeuten wurden zwei türkische Mädchen beschrieben,

> „die wollten unbedingt singen (…) aber überhaupt nicht türkisch sondern die wollten nur Poplieder singen, die sie auch auf Youtube hören, die sie gern mögen (…). Also da war jetzt ganz wenig zu spüren, dass das was anderes ist als mit meinen, sag ich mal, anderen deutschen Jugendlichen" (I 2: 241-245).

Auch wenn sie in anderen Zusammenhängen die Pluralität ihrer musikalischen Vorlieben zum Ausdruck bringen, entsprechen die türkischen Mädchen in der Musiktherapiegruppe eher der mehrheitsgesellschaftlichen Ausrichtung:

> „Ich mache es manchmal auch so, dass die Lieblingslieder mitbringen dürfen, in der Gruppe vor allem. Ich habe es auch noch nie erlebt, dass die ein türkisches Lied mitgebracht haben[24]. Wobei, die eine hat schon gesagt, dass sie auch gern so türkischen Pop hört. Ich glaube das traut sie sich dann drüben auf der Station schon, das ihren Mit-Mädels dort vorzuspielen. Ich habe auch den Eindruck, dass da jetzt untereinander, dass das leicht zusammenfließt. Dass es da nicht so kulturelle Barrieren gibt, also wenig auf jeden Fall" (I 2: 347-353).

Aus seiner Arbeit in einer Tagesstätte, in der er nicht als Musiktherapeut sondern als pädagogische Fachkraft für tagesstrukturierende Maßnahmen angestellt ist, schildert er Ähnliches über einen türkischen Besucher, der E-Gitarre spielt:

> „Der ist mir jetzt halt gerade noch eingefallen, dass das ja schon ein türkischer Mann ist, aber... Ja, der mag jetzt auch Jimi Hendrix und hat jetzt noch nie irgendwie – und schwärmt von Nirvana (...), also da gibt es ganz viel, und Bands, die seine persönliche Entwicklung beeinflusst haben, und wo er so emotional auch mitschwingen kann (...). Aber da ist jetzt auch ganz wenig Türkisches dabei (...). Wobei er ist schon so sozialisiert, sagt er auch. Also er hat strenge muslimische Eltern, aber, er selber... Merkst du gar nichts davon, bei ihm jetzt, mehr" (I 2: 700-708).

In allen Aussagen klingt an, dass die „einheitlichen" musikalischen Vorlieben einerseits eine Identifikation mit sozialen Zusammenhängen der Mehrheitsgesellschaft enthalten könnten (die „deutsche" Peergroup hat den selben Geschmack). Andererseits könnten sie auch auf eine Ablehnung der durch die Familie vermittelten kulturellen Werte hindeuten, falls diese als belastend oder einschränkend erlebt wurden, wie im letzten Beispiel.

Die Musiktherapeutin, die in zwei sozialen Brennpunktvierteln in Begegnungszentren offene Musikgruppen anbietet, in denen mehrheitlich Kinder mit Migrationshintergrund teilnehmen, berichtet Vergleichbares. Dabei macht sie auf eine

---

[24] Ergänzend dazu I 2: 362-367.

mögliche Diskrepanz zwischen verbalisierten und nicht verbalen, musikalischen Ausdrucksformen aufmerksam, die auf – oft exkludierende – diskursive Praxen bezüglich kultureller Minderheiten seitens der Mehrheitsgesellschaft verweist (vgl. Kap. 5.3, insbesondere die verschiedenen Umgangsweisen mit den Prozessen mehrheits- und minderheitsgesellschaftlichen „Otherings"):

„Anfangs dachte ich (…), ich könnte viel offensichtlicher ansetzen (…). Ich habe dann Elterngespräche geführt und habe dann die Eltern gefragt, welche Kinderlieder es aus ihrer Kultur gibt. Aber ich hatte eben so gemerkt, da ist so Vieles, die *wollten* das gar nicht. Die wollten eigentlich eher (…) deutsch sein, als jetzt als Migranten dazustehen. Und erst dadurch, dass ich lange mit den Familien gearbeitet habe, und Vertrauen entstanden ist (…) – oder Vieles kommt auch erst (…) beim Musikmachen, so nach und nach – wird [es] irgendwie hörbar (…). Zum Beispiel manchmal macht sich das bemerkbar durch die Art und Weise, wie Jugendliche oder Kinder das Instrument spielen. Wo dann einfach das Kulturelle oder der kulturelle Hintergrund aus ihrer Herkunftsfamilie zum Vorschein kommt. Was aber sprachlich so nicht möglich wäre" (I 3: 795-806).

Dies wird in der Beschreibung einer psychiatrischen Musiktherapiegruppe besonders deutlich, in der sich die Dynamiken zwischen Zuhören und Sich-Gehör-Verschaffen über das musiktherapeutische Setting hinaus ausweiten konnten:

„Ich hatte einen türkischen Patienten, der sich sehr gut über die Trommel ausdrücken konnte, und da auch viel positives Feedback bekommen [hat] von den Mitpatienten darüber. Und die Musik dann eben auch Möglichkeiten bietet (…), angenommen zu werden. Wo dann einmal auch fast (…) Kompetenz entstand zwischen allen, also über die Musik, wer sich praktisch durchsetzt" (I 3: 1096-1101).
„Da ist von den anderen, von den Mitpatienten auch eine gewisse Offenheit da. Es ist ein Entwicklungsprozess, da eben Integration nicht nur einseitig ist; da entsteht gemeinsam etwas Neues" (I 3: 1104-1106).

Im Gegensatz zum *Kommunikationsmedium Sprache*, welches „kulturelle" Merkmale tendenziell als Kriterium des Ausschlusses von der Mehrheitsgesellschaft instrumentalisiert (vgl. Kap. 5.3, sowie Mecheril 2004), ermöglicht das *Kommunikationsmedium Musik* die positive Umdeutung der selben Merkmale, die Prozesse sozialer Anerkennung in der Mehrheitsgesellschaft anstoßen kann – ausgehend von einem Teilbereich der Gesellschaft, in dem eine gemeinsame, nicht verbale Ausdrucksebene kultiviert wird (s.o., sowie Weyand 2010).

Auch die Abteilungsleiterin der Kinder- und Jugendpsychiatrie ist von Musiktherapie insbesondere bei schwer zugänglichen Patient_innen mit verschiedenen Krankheitsbildern überzeugt, da die präverbalen Momente musikalischen Ausdrucks eine aufschließende, therapieanbahnende Funktion entwickeln können, die bei anderen Therapiemöglichkeiten (Bewegung, Kunst, etc.) nicht in dieser Form gegeben ist (vgl. I 1: 9-20).

Allerdings sieht sie in der musiktherapeutischen Arbeit mit Menschen mit Migrationshintergrund auch kritisches Potenzial, das auf die Unterschiede zwischen den kulturellen Hintergründen in der therapeutischen Beziehung zurückzuführen ist. In Bezug auf das Setting zwischen autochthonen Therapeut_innen und allochthonen Patient_innen thematisiert sie implizit ein strukturelles Machtgefälle:

„Ich habe ein bisschen Erfahrung mit afrikanischen Patienten, die einfach schon von der Rhythmik her ganz anders drauf sind, und wo ich nicht weiß, ob wir das treffen können" (I 1: 43-45).

„Aber ich habe noch keinen Musiktherapeuten beschäftigt, der einen eigenen Migrationshintergrund gehabt hätte; ja solche Leute bräuchte man, um eigentlich dieses Thema anzugehen. Mit dieser eigenen Erfahrung, wie ich im Wechsel der Kulturen mit musikalischen Mitteln arbeite und wo die Unterschiede sind" (I 1: 51-55).

Auch die innerhalb bestimmter kultureller Bezugssysteme gegebenen Erfahrungshintergründe bergen Konfliktpotenzial: Zwar kann der Bezug zu den kulturellen Wurzeln als affirmatives Element von Identität und Selbstbewusstsein eine Rolle spielen; gleichzeitig kann gerade dies unter Umständen auch ein bislang unverarbeitetes, belastendes Element der jeweiligen Biographie darstellen:

„Was es natürlich gibt ist, Musik wird ein bisschen anders gespeichert (…), im Gehirn und, so in meiner Arbeit mit afrikanischen Müttern (…), da hab ich schon versucht, rauszukriegen, kennen die noch Kinderlieder aus ihrer Zeit. Können die da mit ihren Babys mit diesen eigenen erinnerten Kinderliedern ein bisschen anders umgehen zum Beispiel. Und, ist das nicht sehr beruhigend. Ja? Eben so banale, auch alte Dinge da mobilisieren kann. Und, darüber kann ich mir vorstellen, kriegt man einen Zugang zu Familien eventuell. Aber – es sind ja auch viele Sachen, die da nicht mehr gepflegt werden, weil sie nicht so toll sind, ja. So toll angesehen werden in der aktuellen Situation" (I 1: 61-69).

Neben der auf den ersten Blick häufiger stattfindenden Anpassung an die Mehrheitskultur weist die Psychiaterin auf kulturelle Überformungen musikalischer Ausdrucksmöglichkeiten im jugend- und subkulturellen Bereich hin, von „Russendisco bis zu Sazrock (...) wo auch grad bei Jugendlichen kreative Umgangsweisen mit herkömmlichen alten und neuen Dingen passieren" (I 1: 72-77). Diese kreativen Potenziale sprechen ihrer Meinung nach für einen verhältnismäßig „gesunden" Umgang mit individuellen Entwicklungsaufgaben, die im Rahmen der Kinder- und Jugendpsychiatrie neu bzw. wieder entdeckt werden könnten (vgl. I 1: 80-83).

Mit Goffman (2010) könnte man hier von einer offiziellen Hauptbühne der mehrheitskulturellen Darstellung sprechen, der ein weiterer Spielplatz als Nebenbühne eingeräumt wird, auf dem die Übernahme zusätzlicher Rollen erlaubt ist, die durch Interaktionen auf der Hinterbühne inspiriert sein können. Die Schilderungen der drei Fachpersonen gehen in der Bühnenmetapher auf: Musik und insbesondere musik-therapeutische Settings stellen einen von vielen Handlungsspielräumen dar, den die Klientel nutzen kann. Parallel zu ihrem aktuellen Betreuungs- oder Behandlungsbedarf gehören die Individuen einer Vielzahl an weiteren lebensweltlichen Zusammenhängen an. Einiges aus diesen Zusammenhängen wird in der musikalischen Interaktion erfahrbar, anderes bleibt bewusst außen vor. Manches lässt sich mithilfe der klanglichen Erfahrungen verbalisieren, manches bleibt ungesagt:

> „Es ist praktisch dieser Bruch zwischen Kontakt über Musik und Kontakt über Sprache, der bestimmte Möglichkeiten bietet – sich anders zu erleben, neu zu erleben, in Bewegung zu kommen. Entwicklungen anzustoßen, die vielleicht auf andere Art und Weise noch nicht hörbar werden konnten" (I 3: 1092-1095).

Gleich auf welche Weise Jugendliche in Kommunikation treten, fällt bei der Ausgestaltung der gegebenen Kommunikationsmöglichkeiten der Migrationshintergrund zunächst weniger ins Gewicht als ihre jeweilige soziale Situation, die geprägt sein kann durch die aktuelle psychische Befindlichkeit (s. Psychiatrie)[25] und

---

[25] Vgl. I 2: 379-391.

die soziale Zugehörigkeit (s. Brennpunktstadtteil)[26]. Das Interviewmaterial lässt auch für Jugendliche mit *Behinderungen* ähnliche Schlüsse zu, da die Art und Schwere der Behinderung die zur Disposition stehenden Kommunikationsmöglichkeiten wesentlich beeinflusst. Welchen Stellenwert die kulturelle Verortung von jungen Menschen mit Behinderung *und* Migrationshintergrund individuell einnimmt, kann jedoch nicht durch die vorliegenden Interviewaussagen erfasst werden. Denn wenn die Befragten sich zu ihrer Arbeit mit behinderten Menschen (insbesondere Kindern) äußern, nehmen sie jeweils Bezug auf die ihnen vorgegebenen Settings, die hauptsächlich im rehabilitativen oder basalen Bereich angesiedelt sind. Der Musiktherapeut schildert z.B. ein Angebot der Frühförderung, das auf geistig behinderte Kinder ausgelegt war, die etwas lautieren aber nicht sprechen konnten.

„Da ging es einfach so darum, das aufzugreifen, was geht an Lautierung, zum Beispiel wie packen wir das noch in ein Lied rein und machen noch irgendwie ein (…) Klatschen dazu" (I 2: 590-593).

Durch rhythmische Lieder und Bewegungen wurden die Kinder gefördert, wobei

„unterstützend die Mütter oder die Väter da auch noch mit dabei waren. Und so einfache Bewegungslieder da klatschen. Singen natürlich auch, wenn es geht. (…) Da ging es eher auch um die Gruppe, um das Miteinander… ins Tönen überhaupt zu kommen und so was. So ganz basale Geschichten" (I 2: 582-586).

Die Musiktherapeutin beschreibt ein Freizeitangebot mit dem Titel Musikimprovisation:

„Da sind eben auch körperlich und geistig behinderte Menschen dabei. Und da bietet die Musik wieder ganz andere Möglichkeiten. Also motorisch, bestimmte Bewegungen, oder auch das Gefühl, Selbstwirksamkeit zu erfahren. Okay, das ist bei Kindern, die erfahren auch Selbstwirksamkeit, wenn sie auf eine Trommel schlagen. Aber das hat eben bei einem geistig Behinderten, der irgendwie sich nur ganz wenig verbal ausdrücken kann, und dann die Möglichkeit hat, das über Musik zu

---

[26] Vgl. I 3: 771f.

machen, eine besondere Wirkung eben, oder besondere Möglichkeit" (I 3: 939-946).

Es wäre m.E. jedoch verfehlt, in diesen Kontexten von den oben konstruierten „Bühnen" zu sprechen. Eher stellen diese Angebote „Proberäume" dar, in denen eine Förderung der Akteure zwar sozial-pädagogisch intendiert ist, aber kaum Aktionsräume geschaffen werden, in denen sie über den therapeutischen Rahmen hinaus selbstbestimmte Darstellungsformen ihrer Lebenswelt öffentlich vertreten könnten. Auf Inklusionsräume, innerhalb derer Jugendliche mit Behinderungen sich selbst darstellen und auch einem heterogenen Publikum präsentieren, wird am Beispiel eines Musikprojekts einer Selbsthilfevereinigung für behinderte Menschen genauer eingegangen (Kap. 8).

7.2 Musikalische und soziale Kommunikationsformen im gemeinsamen Musizieren *(soziokulturell vermittelte Bedeutungen)*

Den bisherigen Interviewpassagen lag implizit die therapeutische Sichtweise zugrunde, dass Jugendliche durch Musik und damit kombinierte Medien wie z.B. Texte und Videos eine Möglichkeit erhalten, eigene Entwicklungsaufgaben zu symbolisieren und dadurch zu verarbeiten (vgl. dazu I 1: 188-197). Der Einstieg in die Musikarbeit kann also über von den Jugendlichen mitgebrachte Medien und Vorlieben erfolgen (vgl. z.B. I 2: 314-331). Diese können dann in eine einerseits musikalische bzw. nonverbale, andererseits verbale Kommunikation münden, bei der Beziehungsarbeit einen zentralen Bestandteil ausmacht (vgl. I 2: 613-620). Auch wird von einer grundsätzlichen Kreativität von Jugendlichen ausgegangen, die es pädagogisch und therapeutisch zu nutzen gilt, auch im präventiven Bereich. So stellt die Musiktherapeutin die Arbeit mit Kindern in Brennpunktstadtteilen folgendermaßen dar:

> „Es geht jetzt nicht darum, dass die Kinder – vorrangig – ein Musikinstrument lernen (…). Es gibt natürlich auch lernbezogene Momente oder Inhalte. Es sind Kinder, und da geht's natürlich auch darum, dass sie gefördert und gefordert werden. Aber die Musik (…) bietet viele andere Elemente (…). Also im sozialen Bereich und in Bezug auf die persönliche Entwicklung, in Bezug auf das soziale Zusammensein. Und natürlich auch in Bezug auf die (…) Gemeinschaft, also eine bestimmte Außenwirkung, die die Musik hat und dadurch, dass Kinder darüber

eben auch Selbstbewusstsein stärken und positives Feedback bekommen" (I 3: 750-759).

Mit einbezogen werden sollten daher bestenfalls auch Alltagssituationen und weitere Akteure außerhalb des therapeutischen Rahmens. Ähnlich wie Vygotskij (2002, vgl. Kap. 5), der eine gesellschaftliche Aufgabe darin sieht, Heranwachsende zur Zone ihrer nächsten Entwicklung zu begleiten, ist die Jugendpsychiaterin der Meinung:

„Es gibt einiges an Kultur, mit dem Alltag zu improvisieren und etwas zu erfinden. Was (…) sich noch weiterentwickeln könnte, wären so Kulturen, miteinander Dinge zu gestalten auch in Teams, ja. Mit Patienten und so. Auch da (…) zu musikalischen Mitteln zu greifen" (I 1: 201-205). Als positive Beispiele nennt sie,
„dass dann eine (…) Musiktherapeutin auf einer Station dann so Redeweisen der Kinder aufgegriffen hat, und zum Beispiel daraus Lieder gemacht hat, und die vorgeführt hat. Und man auch so manche Vorlieben der Kinder aufgegriffen hat. Also, und das finde ich ist dann so ein sehr altersnaher und sehr viel eingängigerer Zugang zur Musiktherapie, der dann auch bei den Therapeuten mehr auslöst, als: man schickt die halt zur Musiktherapie und (…) dann sind sie weg, und man weiß nicht genau, was da passiert" (I 1: 115-122).

Dabei soll das gemeinsame kreative musikalische Gestalten in alltagsnahen Lebenszusammenhängen (d.h. hier im Stationsalltag, der sich zwischen Betreuungspersonal und jugendlichen Klient_innen abspielt) im Vordergrund stehen. Dies kann dann auch zu Entwicklungen führen, die auf eine Präsentation der gemeinsam erschlossenen Inklusionsräume zulaufen:

„Was wir auch im Suchtbereich sehr viel haben (…), dass die eigene Texte rappen, dass die sich sehr ausdrücken können in diesem Medium. Dass die zum Teil in unseren Reha-Einrichtungen, die wir hatten, da haben die sich eine eigene Musikanlage gebastelt (…). Haben Texte gefeilt, zum Teil sehr biographisch, sehr dichte Texte gemacht; haben die dann vertont, und durch das Rappen sehr viel abgearbeitet. Und haben das dann wiederum auch öffentlich aufgeführt, als wir (…) so Einweihungsfeier und irgend so was hatten, als wir Gesellschafterbesuch hatten und so (…). Und das fand ich sehr beeindruckend" (I 1: 125-138).

Sie stellt heraus, dass diese Aufführungen nicht allein das Ergebnis musiktherapeutischer Sitzungen waren, sondern dass die darin vermittelten Ausdrucksformen auch auf andere Zusammenhänge des Klinikalltags übertragbar waren, in denen die Jugendlichen auch mit nicht musiktherapeutisch geschulten Mitarbeitenden die Musikarbeit fortsetzen konnten. Dabei schätzt sie besonders das Wechselspiel zwischen Jugendlichen, Jugendkultur und Erziehungspersonal, das in der Lage ist, die Ideen aufzugreifen und auch der Leitung vorzustellen, um eine entsprechende Förderung der Projekte zu gewährleisten (vgl. I 1: 143-167, unterstützend dazu I 3: 957-964). Die Musiktherapeutin verortet solche Entwicklungen im Rahmen der Community Music Therapy:

> „Das ist der Ansatz der Community Music Therapy, und da haben schon viele Musiktherapeuten die Erfahrung gemacht, dass Musik eben auch Grenzen sprengt sozusagen, also den Therapieraum aufbricht, und soziale Versöhnung ermöglicht, zwischen Patienten und Nicht-Patienten, zwischen den Kulturen.
> Das ist zum Beispiel die Tagesklinik, dass die Patienten die Musikinstrumente mit in die Tagesklinik nehmen, und dann hat jemand Geburtstag und dann wird ein bisschen Musik für den gemacht so. Ausgehend von der Erfahrung, die sie im Therapiesetting gemacht haben, das dann irgendwie raustragen sozusagen. – Und das ist genau, ich denke das ist ganz wichtig, dass die Patienten, wenn wir jetzt im therapeutischen Setting sind, auch *gesunde* Elemente erleben können (…). Bevor man irgendwie in der Lage ist, seine Probleme zu bearbeiten, erstmal überhaupt (…): stärken" (I 3: 970-985).

Diese idealtypischen Verläufe müssen allerdings ergänzt werden um eine potenziell risikobehaftete Entwicklung, die in der musiktherapeutischen Arbeit ihren Ursprung haben kann. Die Musiktherapeutin macht darauf aufmerksam, dass insbesondere in der Psychiatrie Vorsicht geboten ist, wenn über die Indikation von Musiktherapie entschieden wird. Sie sieht Musik mehr als andere künstlerische oder therapeutische Medien als sehr intensivierendes Medium, was das Erleben betrifft. Bei entsprechend disponierten Personen könnte dies zu einer durch Musik ausgelösten Reizüberflutung führen, die für sie später schwer zu integrieren ist (vgl. I 3: 1019-1022). Dies steht in Zusammenhang mit der Tatsache, dass Musik zwar Kontakt ermöglicht, aber gleichzeitig auch Kontakt erschweren kann, da sie Dinge hörbar macht, die zu einem Aufbrechen von Konflikten führen können (vgl. I 3: 986-990). Es wird dafür plädiert, solche individuellen Voraussetzungen auch im Interesse der Klient_innen zu berücksichtigen und ihnen entweder andere therapeutische Medien zur Verfügung zu stellen (vgl. auch I 1: 177-180)[27] oder Möglichkeiten einbeziehen, das aufkommende Konfliktpotenzial zu reflektieren und zu bearbeiten (vgl. I 3: 197-199).

Dieses Argument erhält gerade im Zusammenhang mit Projekten besonderes Gewicht, die eine gewisse Öffentlichkeitswirksamkeit erreichen. Zunächst erscheinen die geschilderten gemeinsamen Musikprojekte in sich stimmig, und auch die Entwicklung hin zum Wunsch nach einer öffentlichen Aufführungsmöglichkeit wirkt organisch, da er aus der selbstbestimmten Entscheidung der Akteure heraus entstanden ist und dies zudem für einen gelingenden Verlauf von Empowerment-Prozessen spricht. Die Jugendpsychiaterin hebt dies eigens hervor:

„Es ist kein Vorführeffekt, wir haben niemand genötigt, aufzutreten, aber die fanden das dann schon auch: Ab irgendeinem gewissen Punkt will man dann auch auftreten" (I 1: 168-170).

Ihre Beurteilung solcher Projekte als „ganz klasse" oder „beeindruckend" spricht für eine Deutung im Sinne des flexiblen Normalismus, die die Bereitschaft zu einer Öffnung mehrheitsgesellschaftlicher Wertmaßstäbe voraussetzt (vgl. Dederich 2012, Kap. 4). Dies kann aber nicht allgemein und vor allem nicht von „Außenstehenden" erwartet werden. Eine eher ernüchternde Erfahrung schildert die Musiktherapeutin aus ihrer Arbeit im Brennpunktstadtteil:

„Dann hatte ich am Anfang ganz oft die Erwartung, dass wenn wir eine Aufführung machen, dass dann die Eltern kommen und die Kinder darüber unheimlich tolles positives Feedback bekommen, und war dann am Anfang selber sehr enttäuscht als ich merkte, das war erstmal *nicht* so" (I 3: 836-839).

Da die Erwartung eines Feedbacks nicht nur auf Seiten der Gruppenleitung sondern auch der Kinder bestehen kann, wäre es nachlässig auszublenden, dass öffentliche Auftritte mit Leistungsdruck, Stress, Lampenfieber, Angst vor Blackout etc. in Verbindung stehen können. Diese Faktoren beeinflussen auch Jugendliche vor Auftrittssituationen, die keine psychischen oder physischen Beeinträchtigungen haben

---

[27] „Man muss alles, was geht, ja von tiergestützter Therapie bis zu Erlebnistherapie und Hochseilgarten und Klettern und Raften und Musik und Kunst, muss man alle Ausdrucksformen, die Menschen können, sollte man benutzen in der Psychiatrie" (I 1: 177-180).

oder aufgrund anderer Merkmale als „besonders" angesehen werden von einem Publikum, das sich meist zum größeren Teil aus Angehörigen der Mehrheitskultur zusammensetzt. Von daher raten insbesondere sozialpädagogische Fachkräfte, die Projektteilnehmende im Alltag begleiten aber nicht direkt in die Musikproduktionen involviert sind, dazu, die anstehende Situation rechtzeitig zu thematisieren. Das Bewusstsein dafür, dass die Teilnehmenden aus ihrem ursprünglich beschützten Raum (etwa der Einrichtung bzw. der Therapiesituation) an die Öffentlichkeit treten und sich dadurch auch potenziell angreifbar machen, sollte gemeinsam hergestellt werden[28]. Die Reflexion der unterschiedlichen diskursiven Interpretationsmöglichkeiten einer für Darstellende und Publikum ungewohnten öffentlichen Situation dient auch dem Identitätsmanagement der Beteiligten (vgl. Goffman: 1994).

Es sei hier nochmals auf die von Medienschaffenden mit Behinderungen erstellte Homepage „Leidmedien" verwiesen. Nach deren Analysen gängiger Medienrepräsentationen könnten die beeinträchtigten Teilnehmenden einer „integrativen" Band auf zweierlei Weise dargestellt werden: Das eine Extrem wäre, dass berichtet würde, die Band würde trotz der Zusammensetzung aus behinderten und nicht behinderten Menschen (gut) spielen. Das andere Extrem würde auf die (starken) Beeinträchtigungen der Bandmitglieder abheben, die auch das Bandspiel in Mitleidenschaft ziehen, so dass dieses nicht mit „normalen" ästhetischen Maßstäben gemessen werden kann. Dass diese protonormalistische Sichtweise (vgl. Kap. 4, Dederich 2012) nicht abwegig ist, deutet sich auch in einer Veröffentlichung des bereits zitierten Musiktherapeuten Kapteina (2005) an, mit dem Titel *Wie kann man diesen Krach den ganzen Tag aushalten. Improvisation als ästhetische und gesellschaftliche Zumutung in der Musiktherapie.*

Zusammenfassend können die durch Musikarbeit entstehenden Kommunikationsprozesse als Herausforderung für alle Teilnehmenden gesehen werden. Sie vollziehen sich

a) auf je individueller Ebene (zwischen Angehörigen einer gesellschaftlichen Mehrheit oder Minderheit, in einer bestimmten Entwicklungs- oder Krankheitsphase) als auch
b) auf diskursiver Ebene (im Kontext von Zuschreibungsprozessen, die soziale Ungleichbehandlung nach sich ziehen).

---

[28] Notizen eines Kolloquiums im Studiengang „Soziale Arbeit mit Menschen mit Behinderung" an der DHBW VS am 02.08.13.

Den Hintergrund dieser Kommunikationsebenen stellen die gesellschaftlich-strukturellen Bedingungen dar. Sie sind einerseits vorgegeben (insbesondere institutionell), andererseits unter bestimmten Voraussetzungen aber dennoch gestaltbar. Dies wird im Folgenden aus Expertensicht ausgelotet.

7.3 Verknüpfungsmöglichkeiten musiktherapeutischer Projekte mit institutionellen und sozialräumlichen Kontexten *(gesellschaftlich-strukturelle Bedingungen)*

Einige wichtige Momente struktureller Gestaltbarkeit von sozio-kulturellen Inklusionsräumen liegen in den kommunikativen Austauschprozessen begründet, die durch Musikprojekte angestoßen werden können (s. voriger Abschnitt). In den oben angeführten Beispielen wurde erkennbar, wie sich auf den verschiedenen sozialen Ebenen Neu-Vermessungen von Inklusionsräumen vollziehen, wenn Maßstäbe auf „Normalität" angelegt werden, die bislang vertraute Perspektiven erweitern, bzw. zu kritischen Betrachtungen des Bekannten führen (medizinisches Fachpersonal und Pflegepersonal begegnet Musiktherapie auch durch deren Weiterführung im Stationsalltag und kann sich daran beteiligen; Gesellschafter der Einrichtung lernen kreative Ausdrucksformen von Jugendlichen kennen, von denen ihnen zuvor evtl. nur die Diagnosen bekannt waren, etc.).

Sollen solche diskursiven Dynamiken jedoch nachhaltig zu einer strukturellen Neuordnung gesellschaftlicher Verhältnisse führen, muss auch an den Strukturen selbst gearbeitet werden. Im Folgenden werden die bestehenden gesellschaftlichen Rahmenbedingungen für musiktherapeutisch orientierte Inklusionsräume von den Expert_innen auf ihre Erweiterungspotenziale geprüft.

Ihnen geht es zunächst um das Bekanntmachen von Musiktherapie und deren Elementen, die auch außerhalb des therapeutischen Settings weiter wirken können. Sowohl die Musiktherapeutin als auch der Musiktherapeut berichten aus ihren verschiedenen Arbeitsfeldern (wie Gemeindepsychiatrisches Zentrum, Tagesklinik, Begegnungszentrum), dass dort zu Beginn häufig noch kein fundiertes Verständnis der Möglichkeiten (und Grenzen) dieser Therapieform vorhanden war. Erst durch den sichtbaren „Erfolg" der musikalischen Angebote in Form von Aufführungen erreicht (zunächst häufig als einmaliges Projekt geplante) Musikarbeit interdisziplinäre und öffentliche Anerkennung und wirkt als „Aushängeschild" (I 3: 170), denn als „Einrichtung, kann man sich damit ja ein bisschen schmücken" (I 2: 717f). Davon ausgehend können kontinuierlichere und vernetztere Formen von Musikarbeit entstehen, die eine größere Planbarkeit aufweisen und auch langfristiger finanziert werden können (vgl. I 2: 716-724, I 3: 167-170).

Die Vernetzung wird sowohl professionell als auch (inter-)disziplinär von Seiten derjenigen vorangetrieben, die von der Bedeutung dieser Kommunikationsform insbesondere für Jugendliche überzeugt sind. Zum einen wird der kollegiale Austausch untereinander gesucht, wenn mehrere Musiktherapeut_innen in einer Einrichtung arbeiten (vgl. I 3: 1002-1010), ebenso besteht ein einrichtungsinterner Austausch zwischen verschiedenen Fachtherapeut_innen, der durch die Teilnahme der Musiktherapeut_innen bereichert wird (vgl. I 1: 88-90). Ebenfalls werden die positiven und weitreichenden Impulse von Musiktherapie auf der Leitungsebene von therapeutischen Einrichtungen kommuniziert, wobei die befragte Leiterin der Jugendpsychiatrie zu bedenken gibt:

> „es sollten eben nicht nur Chefärzte Musiktherapie gut finden, die selber ein Instrument spielen, selber Musik betreiben, dann ist das wieder so eine In-Group. Ja und es ist einfach eine wichtige Methode aus unserem ganzen Repertoire" (I 1: 182-185).

Es wird also auf verschiedenen professionellen Ebenen auf eine größere Transparenz der Inhalte und Einsatzmöglichkeiten von Musiktherapie hingearbeitet, die sich im günstigen Fall auch denjenigen erschließen soll, die selbst keine Affinität zu Musik haben. Zwar ist dies voraussetzungsreich, bzw. in den Worten der Musiktherapeutin „es ist schlecht jemand zu erklären, wie das Wasser ist, wenn er am Beckenrand steht" (I 3: 1025f.).

Gerade im medizinischen Bereich könnte diesem Dilemma jedoch durch evidenzbasierte Forschung zu Musiktherapie begegnet werden. Allerdings besteht hier nach Meinung der Psychiaterin noch großer Handlungsbedarf, und sie benennt im Interview lediglich eine aktuelle Studie, die unter der Leitung einer Kinder- und Jugendpsychiatrie erstellt wurde (vgl. I 1: 33-35).

Die angesprochene Studie enthält in ihrer aktuell verfügbaren Fassung (Ellerkamp u.a. 2009) ein Manual, das inhaltlich auf eine interdisziplinäre Vernetzung verschiedener Beteiligter verweist, die auch die befragten Expert_innen propagieren. Vorausgesetzt, dass eine entsprechende Finanzierung gegeben ist, eröffnen sich folgende Perspektiven der Kooperation:

a) im klinisch-therapeutischen Kontext

> „Wir machen ja eigentlich stationär sehr viel mehr als klassisch psychotherapeutische Settings. Wir haben Milieutherapie, wir haben viel Pädagogik, wir haben viel Alltag, wir haben Schule, die eine besondere Schule für Kranke ist. Wir laden Eltern auf die Station ein zur Hospitation, und wir machen viel Erlebnistherapie, und wir haben neben der Musiktherapie eben auch noch Bewegungstherapie, Ergotherapie, Gestaltung (…). Also wir haben eine ganz große Bandbreite an Verfahren. Wir beschäftigen auch eine Kunsttherapeutin stundenweise. Also vor diesem Hintergrund ist das alles zu sehen" (I 1: 1-9).

b) in der präventiven Musikarbeit im Stadtteil

> „In den Projekten in den sozialen Brennpunktvierteln, wenn wir mal ein besseres Projekt hatten, das ein bisschen besser finanziert war, dann haben wir immer auch Netzwerkarbeit mit drin gehabt. Und dann zum Beispiel auch Kontakt aufgenommen mit den anderen sozialen Trägern, die auch mit der Klientel, mit Menschen mit Migrationshintergrund und ähnlichen Zielgruppen arbeiten und haben dann mal ein Treffen einberufen, haben dann unsere Arbeit dargestellt (…), also über die Musik. Oder haben Kontakt aufgenommen zur Musikschule" (I 3: 995-1001).
> „Das ist präventive Soziale Arbeit. Und Integration, die eben auch nicht nur eingleisig ist. Es geht auch darum, dass die Kinder sich da irgendwie wohl fühlen, zuhause fühlen und ihre Sachen ausdrücken können; also es geht auch um Identität" (I 3: 1055-1058).

Musik soll als einer von verschiedenen therapeutischen Zugängen möglichst viele weitere Inklusionsräume jugendlicher Lebenswelten erreichen. Die gleichzeitige Offenheit und Verbundenheit verschiedener sozialer Orte, die für die Jugendlichen bedeutsam sind, bietet nach Meinung der Expert_innen die größtmöglichen Gestaltungsmöglichkeiten. Die Jugendlichen sollen in Auseinandersetzung mit den verschiedenen Facetten ihrer Lebenswelt unter möglichst sicheren Bedingungen der Suche nach einer individuellen und auch jugendkulturellen Identität nachgehen können. Dem Konzept der Community Music Therapy in Verbindung mit dem der Enabling Community könnte dabei eine Schlüsselfunktion zukommen (vgl. Kap. 5.2).

Zum Aspekt der strukturellen Bedingungen von Inklusionsräumen, die Musikarbeit als Medium zur Förderung von gesellschaftlichen Inklusionsprozessen anbieten, kann zusammenfassend Folgendes festgehalten werden: Die Sicherheit und Verlässlichkeit solcher Inklusionsräume muss einerseits durch eine finanzielle Absicherung gewährleistet sein, andererseits durch eine pädagogisch-therapeutische Offenheit. Die Gestaltung entsprechender sozialer Orte weist weit über klassische (musik-)pädagogische und therapeutische Settings hinaus, welche eher abgeschlossen von alltäglichen Kontexten ihrer Beteiligten konstruiert sind. Eher sollten offenere Handlungsspielräume und Experimentierfelder entstehen können, die sich nicht als Orte gesellschaftlicher Reproduktion verstehen, sondern als Orte gesellschaftlicher Transformation, als Modell für Demokratie (vgl. Dewey 2011)[29].

Soweit erscheinen die Überlegungen aus pädagogischer Sicht schlüssig. – Offen ist jedoch die Frage, wie Jugendliche selbst Inklusionsräume bewerten, die in der dargestellten Weise für sie eingerichtet werden.

Um diese Frage zu beantworten, wurde das Bandprojekt einer Selbsthilfevereinigung für Menschen mit Behinderung ausgewählt und mittels teilnehmender Beobachtung durch deren Anleiterin dokumentiert[30]. Das nächste Kapitel widmet sich der Beschreibung des Projekts und der erstellten Materialien.

---

[29] Ich verweise mit John Dewey an dieser Stelle bewusst auf die Reformpädagogik, die m.E. gerade in Bezug auf die heutigen Debatten zu Inklusion eine neue Aktualität erhält. Es lassen sich darin sowohl Analogien zu Deweys Forderung nach einer Reform der Schule sehen, als auch zu den Überlegungen des sozialistisch ausgerichteten Psychiaters und Pädagogen Siegfried Bernfeld, der dafür plädierte, die „Grenzen der Erziehung", sowohl auf der individuellen Ebene des Erziehungspersonals als auch auf gesellschaftlicher Ebene aufzubrechen (Bernfeld 2000).

[30] Bei einer der Proben hatte ich die Gelegenheit, zu hospitieren. Die dadurch gewonnenen Eindrücke lasse ich in die im Folgenden dargestellte Dokumentation der Gruppenleiterin einfließen, ebenso einige nicht von der Bandleiterin notierte Aussagen der Jugendlichen, die mir als Videomaterial vorlagen. Erweitert wird die Darstellung durch interpretatorische Aspekte, die sich auf die Ausführungen in anderen Kapiteln beziehen.

8. Musik als Medium der Kommunikation in jugendkulturellen Settings am Beispiel eines Bandprojekts von Jugendlichen verschiedener Herkunft mit unterschiedlichen Lernvoraussetzungen

Rahmenbedingungen: Für die Schüler und Schülerinnen einer Förderschule besteht das Angebot, im Rahmen des Musikunterrichtes einmal wöchentlich an einer Bandprobe teilzunehmen. Das Angebot basiert auf der Kooperation von Schule und der Tagesbildungsstätte eines Selbsthilfevereins; für die Durchführung ist eine Musikpädagogin aus der örtlichen Musikschule engagiert. Die Vernetzung der verschiedenen Institutionen bietet gute Voraussetzungen für eine weitere Öffnung in Richtung Sozialraum, allerdings ist für die Zeit nach dem Schulabschluss offiziell noch keine Weiterführung bzw. -finanzierung vorgesehen.

Teilnehmende und Besetzung: Fünf Jugendliche haben sich vor drei Jahren für die Teilnahme am Bandprojekt entschieden: Ein Mädchen und vier Jungen, von denen einer einen türkischen und einer einen russischen Hintergrund hat. Alle haben sehr unterschiedlich ausgeprägte geistige und motorische Fähigkeiten.

Ihre Instrumente sind Schlagzeug, Percussion, Bass, Keyboard und Gesang. Die Entscheidung, wie diese aufgeteilt werden, richtete sich nach Neigung und Fähigkeit, d.h. alle Teilnehmenden haben „ihre" festen Instrumente; parallel besteht aber auch die Möglichkeit, für bestimmte Stücke die Besetzung zu wechseln.

Die hier gegebene Konstellation weist Parallelen zu den bisherigen theoretischen und empirischen Darstellungen auf: Der aktuelle soziale Orte der Jugendlichen scheint für sie von großer Bedeutung für ihre jugendkulturellen Orientierungen zu sein: Für die in den vorigen Kapiteln dargestellten Jugendlichen waren dies die „Brennpunktviertel", die Psychiatrie, die Einrichtung für behinderte Menschen. Für die Jugendlichen aus dem Bandprojekt ist die Förderschule der soziale Ort, der die Rahmenbedingungen für ihre Begegnungen untereinander und für ihre Auseinandersetzungen mit der Mehrheitsgesellschaft bestimmt. Von dort aus loten die Teilnehmenden ihre individuellen und gemeinsamen Spielräume aus. In diesem Zusammenhang erscheint das Vorhandensein eines Migrationshintergrundes vorerst zweitrangig, ebenso wenig Bedeutung kommt der Kategorie Geschlecht zu.

Arbeitsweise: Die Bandarbeit ist musikpädagogisch ausgerichtet, d.h. es liegt ein Erziehungs- und Bildungsanspruch zugrunde[31]. Daher steht die Produktorientierung mit musikbezogenen Zielen im Vordergrund. Die Proben dienen der Veränderung musikalischen Handelns und der Vermittlung eines adäquaten Musikerlebnisses und -verständnisses (vgl. Hartogh & Wickel 2004: 52).

In dem gegebenen Setting konnte zwar bislang kontinuierlicher Einzelunterricht an den Instrumenten nicht ermöglicht werden. Allerdings wurden beim Erlernen von Musiktiteln nach Möglichkeit traditionelle oder graphische Notation sowie Text als Orientierungshilfen einbezogen. Hauptsächlich werden jedoch individuell angepasste didaktische Mittel eingesetzt: Da der Sänger z.B. nicht Sinn erfassend lesen kann, wird alternativ seine ausgeprägte Merkfähigkeit durch Hören und Wiederholen genutzt. Was ihn zudem als Sänger qualifiziert, ist seine Freude, Kontakt zum Publikum aufzunehmen.

Musikauswahl: Grundsätzlich herrschte in der Gruppe Offenheit bezüglich der durch die Gruppenleiterin angebotenen Titel. In gemeinsamen Gesprächen zur Musikauswahl stellte sich heraus, dass die Orientierung an der Musik von Geschwistern[32], Gleichaltrigen, bevorzugten Radiosendern oder gelegentlichen Discobesuchen die Entscheidung für das Repertoire wesentlich bestimmte. Weniger relevant erschien von Seiten der Teilnehmenden mit Migrationshintergrund das Bedürfnis, türkisches oder russisches Liedmaterial zu erproben (auch wenn dies durch die Leitung vorgeschlagen wurde). Auch hier tritt das Phänomen der Distanzierung vom eigenen Migrationshintergrund auf, was weiter oben im Kontext von musiktherapeutischer Arbeit in ähnlicher Form thematisiert wurde.

Entwicklungsprozess: Die Gruppenleiterin beobachtete im Laufe ihrer Arbeit einen großen Zuwachs an Sicherheit, sich als Gruppe zu präsentieren. Während der vergangenen drei Jahre fanden bereits Auftritte im Rahmen der Tagesbildungsstätte statt. Im Beobachtungszeitraum war erstmals ein Konzert im Rahmen des öffentlichen Abschlussvorspiels der Musikschule geplant, gemeinsam mit den regulären (Gitarren-)Schülerinnen und Schülern der Bandleiterin. Zu diesem Anlass wurde die Band um zwei ungefähr gleichaltrige Gitarrenschüler[33] und zwei Grundschüler,

---

[31] Im Gegensatz zur therapeutischen Ausrichtung, die auf Behandlung und Heilung abzielt. vgl. Hartogh & Wickel 2004: 52.
[32] Der ältere Bruder des türkischen Jungen mag Hip Hop.
[33] „Einer der Jugendlichen hatte zwei Monate zuvor ein Praktikum an der KJM gemacht und hierbei die Bandmitglieder kennengelernt" (Dokumentation Bandleitung, im Folgenden DB: 75f.).

die Percussion spielen, erweitert, die die Band bei einigen der Stücke begleiteten. Bis auf ein Bandmitglied nahmen alle an der Aufführung teil[34].

Perspektive: Die Bandmitglieder durchliefen während des Projektzeitraums verschiedene Entwicklungsphasen in Bezug auf ihre individuellen musikalischen Fähigkeiten und kommunikativen Kompetenzen im Rahmen des Bandspiels. Nach einer anfänglichen musikalischen und persönlichen Findungsphase konnten sie mit zunehmender Selbstständigkeit die Proben gestalten und als Band bei internen Feiern (etwa der Weihnachtsfeier) mit Selbstbewusstsein auftreten. Gemeinsam entschieden sie ihren Bandnamen, der m.E. die von den Jugendlichen erfahrene Tragfähigkeit des gemeinsamen musikalischen Netzwerks wiedergibt: *Best Friends Forever*.

„Für immer" wird diese Konstellation allerdings von den Rahmenbedingungen her nicht bestehen bleiben können. Wenn die Bandmitglieder die Schule beenden, endet auch das Projekt. Da der Schulabschluss im nächsten Jahr ansteht, gilt es, gemeinsam Perspektiven für eine zukünftige Musikarbeit zu entwickeln. Dafür hat deren Gruppenleitung in Kooperation mit der Musikschule schon versucht, einige Weichen zu stellen:

- Durch die Vorbereitung eines Auftritts bei einem offiziellen Musikschulkonzert konnten die Bandmitglieder ihre Erfahrungen vor „fremdem" Publikum erweitern. Dieses Publikum hatte größtenteils noch keine musizierenden Jugendlichen erlebt, die die „normalen" musikpädagogischen Zielsetzungen auf so „besondere" Weise erfüllten. Dennoch war die Resonanz wohlwollend.
- Auch konnte die Band zum ersten Mal mit Mitmusikern spielen, die ihr Instrumentalspiel nicht unter sonderpädagogischen Voraussetzungen angingen. Einerseits war für die beiden Gitarristen aus der Realschule neu, welche Hilfsmittel in einem „integrativen" Rahmen genutzt wurden, andererseits konnten sie die Probe- und Auftrittssituationen unvoreingenommen auf sich wirken lassen und im Rahmen der gegebenen Möglichkeiten mitgestalten.

Diese Phase der Neuorientierung wurde zum Anlass genommen, um mit den Jugendlichen darüber ins Gespräch zu kommen, wie sie sich selbst die weitere Ges-

---

[34] „Ein Bandmitglied erschien nicht, trotz Elternbrief, unterstützendem Anruf des Lehrers und mir" (DB: 70f.).

taltung ihres Musikprojekts vorstellen. Dabei wurde sowohl die Meinung der Kernbesetzung als auch der Gastmusiker berücksichtigt.

Es sei an dieser Stelle darauf hingewiesen, dass von einer klassisch empirischen Untersuchungsform Abstand genommen wurde. Die verbalen Äußerungen der Mitglieder von Best Friends Forever sind meist kompakt, die Antworten auf Fragen direkt und knapp – vorausgesetzt, diese sind in leicht zugänglicher Form gestellt, also eher geschlossen und konkret als offen und abstrakt. Solche Aussagen empirisch verwerten zu wollen, ist dem eigentlichen Ziel einer gemeinsamen Zukunftsplanung nicht dienlich. Statt einer „künstlich" hergestellten Forschungssituation sollten die aktuellen lebensweltlichen Bezüge der Band bewusst beibehalten werden.

Es bot sich an, eine Herangehensweise zu wählen, die von der Gruppenleitung im Rahmen der Bandarbeit selbst durchführbar war. Als Hintergrund für diese Entscheidung diente der *Lifestyle-Gedanke*, mittels dessen die einzelnen Teilnehmenden der Bandszene bzw. Jugend(sub-)kultur zugeordnet werden können, in der unter anderem das Interviewt Werden dazugehört (vgl. Kap. 4, Thomas & Calmbach und Kap. 5.3). Dafür wurden Fragen entwickelt, wie sie auch anderen lokalen Bands nach einigen Jahren der Karriere gestellt werden könnten, wenn sie etwa von einer Tageszeitung oder einer Radiostation bezüglich ihrer Erfolge und ihrer weiteren Pläne interviewt werden. Forschungsethisch hat diese Vorgehensweise *Vor- und Nachteile*:

Positiv ist, dass die Jugendlichen nicht als „Behinderte" oder „Migrantenjugendliche" oder gar „behinderte Migrantenjugendliche", die Musik machen, adressiert werden. Stattdessen wird eine junge Band interviewt, bei der gegebenenfalls einige Besonderheiten von ihren Mitgliedern selbst thematisiert werden, dies jedoch nicht durch die Anlage des Forschungssettings vorgegeben ist.

Positiv und gleichzeitig *negativ* kann sich auswirken, dass diese Interviewform v.a. gruppendynamische Prozesse sichtbar macht, die zeigen, wie sich die Teilnehmenden aneinander oder auch an ihrer Bandleitung orientieren, deren Fragen auf bestimmte Bereiche von Inklusion abzielen.

Positiv ist dabei die Intention, die Vorstellungen der Jugendlichen möglichst genau zu erfassen, da dies für eine Weiterführung des Projekts zentral sein wird.

Forschungsethisch *schwer vertretbar* ist jedoch die sich daraus ergebende Suggestivität der Fragen. Dadurch kann sich in der Gruppensituation ein gewisser Konformitätsdruck einstellen: Wenn ein Mitglied eine zustimmungswürdige Antwort gegeben hat, schließen sich die anderen an, ohne weitere Differenzierungen vorzunehmen.

So umstritten die Interviews aus Sicht der empirischen Sozialforschung sein mögen, so förderlich sind sie für die Generierung einer jugendkulturellen Identität, die das gemeinsame Musikmachen in einer Band als Ausgangsbasis hat. Es wird dadurch bewusst eine pädagogische Haltung eingenommen, die jugendliche Mädchen und Jungen, mit und ohne Beeinträchtigungen, mit und ohne Migrationshintergrund gleichermaßen einbezieht. Das Thema des Anders-Seins bleibt an sich für die je eigenen Deutungen offen.

Um den Meinungen der Jugendlichen so viel Raum wie möglich zu geben, ist im nächsten Abschnitt das komplette Interview mit der Kernbesetzung sinngemäß wiedergegeben[35]. Es wurde vor dem öffentlichen Auftritt geführt, bei dem die beiden Gitarrenschüler mitspielten. Diese wurden nach dem Konzert in ihrem eigenen Unterricht befragt. Deren Antworten werden im Anschluss ebenfalls vollständig dargestellt.

Interview Best Friends Forever

Seit wann spielt ihr zusammen?
In dieser Besetzung spielen wir 3 Jahre zusammen.

Welche Instrumente spielt ihr?
Nils: Keyboard, Xylophon, Djembe.
Dimitri: Keyboard, Schlagzeug, manchmal Gesang.
Becky: Bass, manchmal Gesang.
Deniz: Hi Hat, Djembe.
Fabian: Gesang, Klavier.

Welche Stücke habt ihr bisher gespielt?
Hey, das geht ab – Frauenarzt & Many Marc, Alles neu – Peter Fox, Blues Rock, Was wollen wir trinken, Rock Around The Clock – umgetextet für eine interne Feier, Mambo – Herbert Grönemeyer, Jingle Bells, Wisst ihr, was geschehen (Weihnachtslied).

---

[35] Namen und Orte wurden anonymisiert. Vgl. DB: 19-66.

Was ist euch wichtig beim Zusammenspiel?
Becky: Im Takt spielen.
Dimitri: Es darf auch laut klingen.
Fabian: Ich spiele gern Klavier.

Wie geht es euch, wenn ihr zusammen Musik macht?
Das ist cool, krass.

Könnt ihr euch vorstellen, weiter als Band zu proben... auch über die Schulzeit hinaus?
Alle: Ja.
Fabian: Dann müssen wir abends proben.

Möchtet ihr in dieser Besetzung bleiben oder könnt ihr euch eine Erweiterung vorstellen?
Es können auch andere mitmachen.

Sollen das Leute aus dem (Verein) sein oder können sie auch z.B. aus der Realschule oder woanders herkommen?
(Mit der Realschule haben Becky und Dimitri Kooperationserfahrung)
Sie können auch woanders her sein.

Habt ihr Interesse, auch außerhalb der Tagesbildungsstätte aufzutreten, öffentlich aufzutreten?
Deniz: (eher zurückhaltend)
Alle anderen: Ja.

Im Anschluss an das Konzert dokumentiert die Leiterin: „Der Auftritt hat den Jugendlichen Spaß gemacht" (DB: 71). Dies bestätigen sowohl Best Friends Forever in einem zweiten Interview als auch die beiden Gitarristen.

Interview Gitarrenschüler[36]

Wie war deine Erwartungshaltung vor dem Zusammenspiel?

„Ich war vorher in gewisser Weise gespannt darauf, wie das Ganze ablaufen wird. Nachdem ich das erste Mal gehört hatte, da werden noch andere dazu kommen, die nicht ganz so tonsicher sind, aber auf eine ganz besondere Art und Weise singen, war ich interessiert daran zu erfahren, wie sich das Ganze dann anhören wird. Ich war dem aufgeschlossen gegenüber".

Gab es für dich einen emotionalen Unterschied zwischen dem Spiel im Gitarrenensemble, in dem du sonst spielst und dem Zusammenspiel mit der (Vereins-)band?

„Zu sagen, es gäbe hier keinen Unterschied wäre völlig falsch. Es war eine andere Erfahrung, die ich dadurch gemacht habe, da es vom Gesang anders war, als wir das gemacht hätten. Es war eine Umgewöhnung (eher ungewohnt gemeint). Ich hätte es gut gefunden, wenn wir das Stück zweimal gesungen hätten – einmal allein, einmal zusammen".

---

[36] DB: 80-93.

9. Bewertung von Inklusionsräumen aus Sicht der jugendlichen Akteure

An den Aussagen der Jugendlichen fällt auf, dass sie zwar untereinander Unterschiede wahrnehmen, diese für sie aber eine weitaus geringere Rolle spielen, als ihr gemeinsames Medium, die Musik: Best Friends Forever nennen Kriterien musikalischer Dynamik (Takt, Lautstärke) und klanglicher Qualitäten (Vorliebe für Klavier) ebenso wie die emotionale Verbindung mit der Band: Zusammen zu spielen ist cool.

Auf ähnliche Kriterien nehmen die beiden Gastmusiker Bezug: Ungewohnt waren der klangliche Aspekt des Gesangs und die Intonation im Zusammenspiel, ebenso wie das Arrangement eines Stücks. Andere Unterschiede waren offensichtlich unwichtig, denn es überwog das Gespannt Sein, das Interesse am Gesamtklang, die Aufgeschlossenheit bzw. auch die Bereitschaft der Umgewöhnung. Da die regulären Bandmitglieder direkt auf weitere Unterschiede angesprochen werden, äußern sie sich zwar dazu, allerdings lediglich indem sie abwägen, wie in Zukunft (wenn sie dann eine Ausbildung machen) ein funktionierendes Bandgefüge aussehen könnte: Sie können sich vorstellen mit Personen zu spielen, die weder aus dem Selbsthilfeverein noch aus der selben Schule kommen. Grundsätzlich scheint eine Bereitschaft zur sozialräumlichen Öffnung also bei ihnen vorhanden zu sein.

Nicht ganz ungeteilt ist ihre Meinung allerdings zu öffentlichen Auftritten, denn zum Zeitpunkt des Interviews wissen sie noch nicht, wie das einzuschätzen ist. Der Hinweis der Bandleitung, dass ein Bandmitglied trotz zugesicherter pädagogischer Unterstützung nicht dabei war, legt nahe, dass der mögliche Stress, der mit Auftritten in Verbindung stehen kann, auch als so belastend wahrgenommen werden kann, dass eine Teilnahme eher zu vermeiden versucht wird. In diesem Zusammenhang ist auch die von der Musiktherapeutin formulierte Kontraindikation von musikalischen Aktivitäten zu bedenken, wenn die Akteure dazu neigen, einer Reizüberflutung nicht standzuhalten.

Die potenziell auf Empowerment ausgelegte pädagogische Idee, es sei inklusionsfördernd, jungen Menschen mit Beeinträchtigungen einen öffentlichen Raum zuzuweisen, kann von den Adressat_innen entsprechender Maßnahmen auch gerade deshalb als Integrationshemmnis erlebt werden, weil sie im Rahmen eines solchen Settings als „die Behinderten" ausgemacht werden können und sich durch eine Teilnahme daran selbst stigmatisieren würden. An dieser Stelle wird die in

Kap. 4 kurz tangierte Labeling Theorie nach Tannenbaum (1938) wieder aufgegriffen, laut der soziale Reaktionen (bzw. Sanktionen) auf „abweichendes Verhalten" – zu denen Strafen sowie Sozialisierungsmaßnahmen gleichermaßen gezählt werden können – grundsätzlich die Handlungsmöglichkeiten der Betroffenen einschränken:

> "Das Individuum übernimmt die ihm zugeschriebene Rolle. Dabei scheint es unwichtig zu sein, ob die Bewertung von Interaktionspartnern vorgenommen wird, die ihn bestrafen oder solchen, die ihn resozialisieren möchten" (Tannenbaum 1938: 20, zit. n. Lamnek 2007: 226).

Ein ähnlicher Zusammenhang zwischen intendierter Förderung und gleichzeitiger potenzieller Abwertung der Adressatengruppe soll abschließend anhand des Mediums Musik aufgezeigt werden: Nicht selten wird Außenstehenden (hier: dem mehrheitskulturell sozialisierten Publikum) einige Flexibilität in Bezug auf „mainstream"-orientierte Hörgewohnheiten abverlangt, wenn eine Band mit Menschen mit Beeinträchtigungen spielt. Dies wird selbst von den Jugendlichen, die am gemeinsamen Spiel interessiert sind, nicht beschönigt. Insofern stellt sich die Frage, in wie weit eine auf ästhetische Konventionen ausgerichtete musikpädagogische Herangehensweise tatsächlich zielführend ist, wenn dadurch nachhaltig gemeinsame Inklusionsräume zugunsten einer offensichtlich „normabweichenden" Zielgruppe geöffnet werden sollten[37].

Eher könnte eine offenere Gestaltung musikalischer Inklusionsräume durch eine noch heterogenere Mischung unterschiedlicher Beteiligter neue ästhetische und kulturelle „Normalitäten" generieren, die letztendlich die Abgrenzungen aufhebt zwischen Publikum, Akteuren, Professionellen, Laien, jugendlichen, älteren, psychisch und physisch beeinträchtigten, „gesunden", autochthonen und allochthonen Menschen.

Das Medium wäre dann eine dem jeweiligen sozialen Ort eigene „Welt-Musik", die zu einem demokratischen Wechselspiel mit Subjekten, Diskursen und Strukturen einlädt. Hartogh und Wickel (2004) stellen ein so gestaltetes Zusammenspiel als

> „Bekenntnis zu einem bestimmten geschichtlich-sozialen (Sinn-)Leben dar (...). Das Handeln innerhalb dieses Sinn-Rahmens erzeugt musika-

---

[37] Vgl. Kap. 7.2, in dem die Diskurse um verschiedene Mechanismen der Zuschreibung von Behinderung in Zusammenhang mit integrativen Medienprojekten und deren medialer Darstellung ausführlich analysiert wurden.

lische Erfahrung, die für den Hörenden und aktiv Musizierenden eine besondere Qualität des Weltbezugs schafft. (…) Diese Qualität genügt sich selbst, d.h. Musizieren bedarf keiner außermusikalischen Legitimationen, sei es als Medium zur Intelligenzsteigerung oder als Medium zur Förderung sozialen Verhaltens" (ebd.: 47).

10. Fazit und Perspektiven für inklusive sozialpädagogische Angebote an Jugendliche mit heterogenen Hintergründen

Inklusion funktioniert aus jugendkultureller Perspektive anders als aus musikpädagogischer und sozialpädagogischer Perspektive intendiert. Für in musikalischen Inklusionsräumen agierende Jugendliche verschiedener Herkunft und mit unterschiedlichen Lernvoraussetzungen sind andere Kriterien handlungsleitend als die, die ihnen von außen zugeschrieben werden. Primär geht es ihnen um eine gelingende musikalische Interaktion, in die sie sich entsprechend ihrer subjektiven Vorlieben und Fähigkeiten einbringen können. Es geht um ein gemeinsames Aushandeln und Erproben von Ausdrucksmöglichkeiten und nicht zuletzt um die Freude an der gemeinsamen Aktion: Indem sie etwas tun, was sie *cool* finden, sind sie auch selbst *cool*.

Das in dieser Arbeit zusammengetragene Material legt nahe, dass ein Migrationshintergrund nicht aktiv in den Vordergrund gestellt wird, vor allem dann nicht, wenn Entwicklungsaufgaben zu bewältigen sind, die aufgrund einer momentanen Phase psychischer Belastung oder aufgrund einer Behinderung besonders komplex werden.

Mit wenigen Ausnahmen, die im Einzelfall kritisch reflektiert werden müssen, kann festgehalten werden, dass Musik ein besonderes Medium der Kommunikation darstellt, das große Freiräume bietet, verschiedene Aspekte von Identität zu integrieren. Sie kann einen „dritten Raum", als Ort der Zuflucht öffnen, in dem keine Sprache beherrscht zu werden braucht. Dies ist prinzipiell für die untersuchten Zielgruppen ein wichtiger Zugang, da es vorkommt, dass ihnen die Landessprache oder die Lautsprache nicht geläufig sind. Dennoch können verschiedenste Ausdrucks- und Interaktionsformen gefunden werden; auch in gemeinsamen Suchbewegungen nach der eigenen Identität, nach der eigenen Musik, die sich aus den unterschiedlichsten Zusammenhängen jugendlicher Lebenswelten zusammensetzen. Ein abschließendes Zitat der Musiktherapeutin in der präventiven Stadtteilarbeit bringt es auf den Punkt:

> „Und dieser ganze *Misch*masch von kulturellen Elementen, der darf in der Musik irgendwie miteinander, auch im Chaos, verbunden werden" (I 3: 811-813).

Aus den theoretischen und empirischen Befunden dieser Arbeit lässt sich ableiten, dass jugendkulturelle Inklusionsräume, wie sie in dem beschriebenen Bandprojekt angeboten werden, eine identitätsstiftende, Gruppendynamik fördernde und transformative Qualität annehmen können, wenn diese als gemeinsame Lernfelder genutzt werden. Inklusion betrifft nicht nur die Angehörigen einer spezifischen Jugend(sub-)kultur sondern auch die Angehörigen der Mehrheitsgesellschaft, die dieser einen angemessenen sozialen Ort zuweisen und sich an diesem ebenso selbstverständlich aufhalten wie die Adressat_innen des Projekts.

Es hat sich gezeigt, dass sich die dadurch angeregten demokratischen Prozesse des gemeinsamen Kompetenzerwerbs als Erweiterung der jeweiligen Horizonte erweisen können. Das eigene Weltbild erhält durch das Knüpfen „grenzüberschreitender" sozialer Netzwerke eine neu ausbalancierte Stabilität. Wenn also die Grenzen zwischen bisher eher zielgruppenspezifischen Angeboten (wie Förderschule, Musikschule, Psychiatrie, präventive Stadtteilarbeit) eine Öffnung in Richtung Sozialraumorientierung erfahren, wird eine fallunspezifische (Musik-)Arbeit möglich, die alle Angehörigen einer gemeinsam geteilten Lebenswelt erreichen kann. Ines Boban (2008) weist auf den Transfer des gemeinsamen musikalischen Schöpfungsprozesses zu einer bürgerzentrierten Zukunftsplanung hin, die die Lebenswelt eines Stadtteils in ihrer Heterogenität zu erfassen vermag. Dabei geschieht Empowerment in kreativen Feldern, in denen nicht jeder alles können, aber seine individuellen Fähigkeiten in die Komposition einbringen können muss (vgl. Boban 2008: 243). In diesem Rahmen sollte das Projekt Best Friends Forever weiter gefördert werden.

Als Ausblick werden die Ergebnisse und Empfehlungen, die aus dem Projekt hervorgehen, in umfassendere sozialpolitische und sozialpädagogische Diskurse eingebettet. Dabei wird zunächst von den bisher fokussierten Differenzlinien Behinderung und Migrationshintergrund abstrahiert. Dies dient einem übergeordneten Verständnis der Dynamiken, die die zahlreichen Wege der Kommunikation in gesellschaftlichen Inklusionsprozessen bestimmen. Zunächst wird mit Marian Adolf und Nico Stehr (2012) eine politikökonomische und kommunikationswissenschaftliche Sichtweise auf neue Formen gesellschaftlicher Teilhabe und Teilnahme eingenommen (vgl. Jansen u.a. 2012). Sie vertreten die These: „Bürger machen Staat und Kommunikation macht Öffentlichkeit" (Jansen 2012: 8). Die darin enthaltenen Dynamiken zeigen sich in einer Verlagerung gesellschaftlicher Macht,

> „allerdings scheinen die zeitgenössischen Formen von Öffentlichkeit und zivilgesellschaftlichem Engagement zunächst unter – also unsicht-

bar – dem herkömmlichen Beobachtungsradar zu fliegen, der sich auf die herkömmlichen Formen politischer Organisation in Verbände und Parteien fokussiert" (ebd.). Daraus ergibt sich die „Herausforderung – als Antwort auf die wachsende gesellschaftliche Pluralisierung, Diversität, Differenzierung und Globalisierung – eine adäquate und reiche Konzeption der Öffentlichkeit zu entwickeln" (ebd.).

Für die Soziale Arbeit folgen daraus verschiedene Konsequenzen, die bei der Konzeption von solchen Räumen der Öffentlichkeit für verschiedene Adressatengruppen berücksichtigt werden müssen: Einerseits sollten unterschiedliche Angehörige eines Sozialraums durch eine möglichst niedrigschwellige Erreichbarkeit zu dessen Nutzung animiert werden. Bis zu einem gewissen Grad bietet eine „Navigation" seitens der Sozialen Arbeit hierbei auch Orientierung für die zu erreichenden Akteure (vgl. Deinet & Derecik 2013: 77-79).

Gleichzeitig sollte eine möglichst freie Gestaltbarkeit gegeben sein, die auch subkulturellen Aktivitäten offensteht. Aus der Perspektive der einzelnen Individuen ist dabei zentral, dass ihre Formen der Kommunikation auch unter Ausschluss der Öffentlichkeit stattfinden können, bevor sie sich – gegebenenfalls – weiteren Mitgliedern des Sozialraums öffnen. Es muss also auch Freiräume geben, die „unter dem Radar" geläufiger sozialpädagogischer Maßstäbe angesiedelt sind.

Die gewählten sozialen Räume sollen also zu kommunikativen und demokratischen Handlungen der Aneignung anregen. Der sozialpädagogisch gewünschte Aufforderungscharakter darf jedoch nicht zu einer Überforderung für die verschiedenen Nutzergruppen führen. Diese Gefahr besteht in der potenziellen Instrumentalisierung der Nutzerinnen und Nutzer, die sich nicht zuletzt daraus ergibt, dass eine adäquate Finanzierung solcher Projekte gewährleistet sein muss. Konkret könnte sich dies darin äußern, dass durch die Notwendigkeit, sich als Zugehörige zu einer bestimmten – unterstützungswürdigen – Nutzergruppe zu identifizieren, Labeling-Prozesse in Gang kommen, die Kommunikationen über die „In-Group" hinaus eher erschweren (vgl. Kap. 9, mit Bezug auf Lamnek 2007).

Um dieser Herausforderung zu begegnen, erscheint das Konzept von Wolfgang Deinet und Ahmet Derecik (2013) geeignet, die *Sozialräume als Bildungssettings* begreifen. Sie schließen sich dem Konzept der Raumaneignung an, das sich in fünf Dimensionen operationalisieren lässt:

- Aneignung als Erweiterung motorischer Fähigkeiten
- Aneignung als Erweiterung des Handlungsraums
- Aneignung als Veränderung von Situationen
- Aneignung als Verknüpfung von Räumen
- Aneignung als Spacing[38] (Deinet & Derecik 2013: 82).

Diese Dimensionen lassen sich grundsätzlich auf informelle Räume außerhalb von Institutionen beziehen. Sie spielen sowohl in der Jugendszene als auch in der Jugendarbeit eine Rolle. Daher wird im Folgenden der Fokus wieder auf die Hauptzielgruppe von Jugendlichen gerichtet. Deren Raumaneignung verläuft über zwei Zugänge, die nicht voneinander zu trennen sind: *Aktivitätsinseln* und *Rückzugs- und Kommunikationsnischen*. Dies ist bei der Planung informeller Settings wie folgt einzubeziehen:

Die *Aktivitätsinseln* sollten selbstorganisierte Bewegung und Bewegungen zulassen, in denen gelebte und gestaltete Freizeit als Teil eines Lebensstils zum Ausdruck kommen kann (vgl. ebd.: 84). Zentral ist dabei, dass sich unterschiedliche Nutzerinnen und Nutzer dieser Inseln nicht (ausschließlich) kompetitiv sondern kooperativ begegnen können. Dies steht in engem Zusammenhang mit den *Rückzugs- und Kommunikationsnischen*. Dies insbesondere, wenn Jugendliche sich mit Gleichaltrigen „ungestört über ihre relevanten Themen unterhalten wollen" (ebd.: 86)[39]. Das Vorhandensein von Aktivitätsinseln und Rückzugsnischen ermöglicht sowohl Prozesse des Peerlernens als auch der Identitätsfindung und Lebensstilpräsentation.

Vor diesem Hintergrund ist die Wahrnehmung der unterschiedlichen Aneignungs- und Bildungsprozesse entscheidend, die in den sozialgeographischen Sozialräumen und ebenfalls in den subjektiven Lebenswelten der Jugendlichen ablaufen, und teilweise gegensätzlich erscheinen (vgl. ebd.: 88). Nach diesem Verständnis sollten Bildungssettings „das tätigkeitsorientierte Aneignungsverhalten von (…) Jugendlichen unterstützen, damit sie sich vielfältige Bildungsmöglichkeiten erschließen können" (ebd.).

Richard Krisch und Andreas Oehme (2013) führen den Aneignungsansatz weiter, indem sie die Raumaneignung als Medium zur Aneignung von Bewältigungs-

---

[38] Von Spacing wird gesprochen, wenn Jugendliche Räume konstituieren, in denen eine Gleichaltrigenkultur ausgelebt werden kann. Es stellt eine Form der Ausübung von Selbstständigkeit dar, die sowohl auf Schulhöfen als auch im öffentlichen Raum stattfinden kann (vgl. ebd.: 84).
[39] Die Nischen können z.B. sowohl für die Kommunikation innerhalb gleichgeschlechtlicher Gruppen als auch für flüchtige und unverbindliche Kontaktaufnahmen mit dem anderen Geschlecht genutzt werden (vgl. ebd.).

weisen verstehen, die in der Situation des Übergangs ins Erwachsenen- bzw. Berufsleben wichtige Potenziale freisetzen:

> „Die Region oder auch eine überregionale Öffentlichkeit wird quasi als ‚Anerkennungsraum' für die Jugendlichen erschlossen. Das Ziel ist dabei, ihnen eine Perspektive in der Region zu erschließen, die ihnen soziale Teilhabemöglichkeiten in Zusammenhang mit Bildungsprozessen und Beschäftigung eröffnet" (Krisch & Oehme 2013: 119).

Das Konzept der Anerkennungsräume weist über die Bewältigung des Eintritts ins Erwerbsleben hinaus und lässt auf umfassendere Teilhabemöglichkeiten schließen, die daraus in einer inklusiven Gesellschaft erwachsen können. Weitergeführt wird diese Ausrichtung durch Albert Scherr und Benedikt Sturzenhecker (2013), die eine anpassungsorientierte Jugendarbeit grundsätzlich kritisieren. Vielmehr geht es ihnen um ein Verständnis von Jugendarbeit,

> „das deren Aufgabe nicht ausschließlich darin sieht, Jugendlichen unter Bedingungen sozialer Benachteiligung bzw. in biografischen Krisen dabei zu unterstützen, handlungsfähig zu bleiben und gesellschaftlichen Anforderungen zu genügen, sondern ihnen auch bei der Entwicklung von Subjekthaftigkeit und der Fähigkeit zu demokratischer politischer Mitgestaltung zu assistieren" (Scherr & Sturzenhecker 2013: 56).

Sie ziehen den Capability-Ansatz heran, der davon ausgeht, „dass Menschen, die die Fähigkeit dazu haben, selbstwirksam zu sein, dabei parallel ein hohes Maß an gesellschaftlichem Verantwortungsbewusstsein entfalten" (Krafeld 2010: 310). Erlebbar wird dies für Jugendliche im Rahmen der strukturellen Partizipativität einer Jugendarbeit, die sich offen auf Themen und Interessen der Beteiligten einlässt und von diesen mitbestimmt und mitgestaltet wird (§ 11 SGB VIII) (vgl. Scherr & Sturzenhecker 2013: 69). Dadurch werden demokratische Konflikt- und Entscheidungsprozesse konkret in ihrer Lebenswelt erfahrbar. Allerdings sind in der Offenen Jugendarbeit Entscheidungsrechte und Verantwortungspflichten bislang nur diffus reguliert, wodurch eine generelle demokratische, rechtsförmig geregelte und gewährte Teilnahme aller interessierten Jugendlichen teilweise verhindert wird (vgl. ebd.: 70f.)[40].

---

[40] Beispielhaft wird auf eine Studie über den Alltag der Offenen Jugendarbeit verwiesen, die zeigt, dass die Zugehörigkeit zu einem Jugendhaus nicht formell geregelt ist, sondern in informellen,

Eine besondere Herausforderung entsteht daher für benachteiligte Zielgruppen der Offenen Jugendarbeit, deren Chancen zur Mitgestaltung in pädagogischen Institutionen, in der kommunalen Demokratie und generell in politischen Zusammenhängen gering sind (vgl. ebd.: 72).

„Denn wie ungleich auch immer der gesellschaftliche Status von Individuen ist, als demokratische Bürger_innen sind die Beteiligten gleichberechtigt, die Gesellschaft mitzugestalten" (ebd.).

Lothar Böhnisch und Wolfgang Schröer (2008) geben jedoch zu bedenken, dass politisches Handeln nicht allein dadurch in Gang kommt, dass ein Bürgerstatus für Jugendliche garantiert wird (vgl. Böhnisch & Schröer 2008: 57), da politische Beteiligung von einer je individuellen „biographischen Passung" bestimmt ist (ebd.: 55). Aus den bisher entwickelten Zusammenhängen geht hervor, dass insbesondere für Jugendliche verschiedener Herkunft und mit unterschiedlichen Lernvoraussetzungen eigens Inklusionsräume bzw. Ermöglichungsräume (Reutlinger 2008: 212) hergestellt werden müssen, die demokratisches Handeln erfahrbar machen. Dies erfordert ein Zusammenspiel

- des *Strebens nach Handlungsfähigkeit* bei der Bewältigung der subjektiv erlebten biographischen Entwicklungsaufgaben,
- der *Kompetenz zu handeln (Capability)*, mit dem Ziel, ein „gutes Leben" zu verwirklichen (vgl. Krafeld 2010),
- der *sozialen Prozesse des Handelns (Agency)* aus der Perspektive der Jugendlichen (vgl. ebd.). Sie werden „vom Adressaten zum Akteur" (Homfeldt, u.a. 2008).

Eine so ausgerichtete Soziale Arbeit kann durch ermöglichende Räume – wie im dargestellten Projekt – Inklusion voranbringen. Durch die Akteursperspektive, die die Jugendlichen einnehmen, sind Sozialarbeitende nicht länger außenstehende „Entwickler", sondern Teil des Entwicklungsprozesses, auf den sich alle Beteiligten in seiner Dynamik und Dialektik einlassen (vgl. Reutlinger 2008: 228).

---

komplexen und lokal differenzierten sozialen Interaktionen und Riten – teilweise ohne Einfluss von Fachkräften/Erwachsenen – hergestellt wird (Cloos, u.a. 2009, vgl. ebd.: 71).

11. Literatur

Adolf, Marian, & Stehr, Nico 2012. Kommunikation. Macht. Öffentlichkeit. Zu zeitgenössischen Formen der öffentlichen Rede. In: Stephan A. Jansen, Eckhard Schröter, Nico Stehr (Hrsg.) *Bürger. Macht. Staat? Neue Formen gesellschaftlicher Teilhabe, Teilnahme und Arbeitsteilung.* Wiesbaden: Springer VS, S. 37-51.

Anhorn, Roland, u.a. (Hrsg.) 2007. *Foucaults Machtanalytik und Soziale Arbeit. Eine kritische Einführung und Bestandsaufnahme.* Wiesbaden: VS Verlag.

Auernheimer, Georg 2011. Diversity und Intersektionalität – neue Perspektiven für die Sozialarbeit? In: *Neue Praxis* 4/2011, S. 409-423.

Auernheimer, Georg 2010. *Schieflagen im Bildungssystem. Die Benachteiligung der Migrantenkinder.* 4. Aufl. Wiesbaden: VS Verlag.

Banafsche, Minou 2012. Inklusion und Sozialraum – Behindertenrecht und Behindertenpolitik in der Kommune. In: *NDV* 10/2012, S. 468-473.

Beauftragter der Bundesregierung für die Belange behinderter Menschen (Hrsg.) 2010. *Die UN-Behindertenrechtskonvention. Übereinkommen über die Rechte von Menschen mit Behinderungen.* Bonn.

Bernfeld, Siegfried 2000 [1925]. *Sisyphos oder die Grenzen der Erziehung.* Frankfurt a.M.: Suhrkamp.

Boban, Ines 2012. Bürgerzentrierte Zukunftsplanung in Unterstützerkreisen. Inklusiver Schlüssel zu Partizipation und Empowerment pur. In: Andreas Hinz, u.a. (Hrsg.) *Von der Integration zur Inklusion. Grundlagen – Perspektiven – Praxis.* 3. Aufl. Marburg: Lebenshilfe Verlag, S. 230-247.

Bogner, Alexander; Littig, Beate; Menz, Wolfgang (Hrsg.) 2005. *Das Experteninterview. Theorie, Methode, Anwendung.* 2. Aufl. Wiesbaden: VS Verlag.

Böhnisch, Lothar, & Schröer, Wolfgang 2008. Entgrenzung, Bewältigung und Agency – am Beispiel des Strukturwandels in der Jugendphase. In: Hans Günther Homfeldt, u.a. (Hrsg.) *Vom Adressaten zum Akteur. Soziale Arbeit und Agency.* Opladen, Farmington Hills: Barbara Budrich, S. 47-57.

Brachmann, Andreas 2011. *Re-Institutionalisierung statt De-Institutionalisierung in der Behindertenhilfe. Neubestimmung der Funktion von Wohneinrichtungen für erwachsene Menschen mit geistiger Behinderung aus sonderpädagogischer Perspektive.* Wiesbaden: VS Verlag.

Brecher, Jeremy; Costello, Tim; Smith, Brandon 2000. *Globalization from below. The power of solidarity.* Cambridge, MA: South End Press.

Büttner, Gerhard 2009. Jean Piaget, * 9.8.1896 Neuchâtel, † 16.9.1980 Genf. Meine Theorie der geistigen Entwicklung, Frankfurt a.M. 1983. In: Winfried Böhm, u.a. (Hrsg.) *Hauptwerke der Pädagogik.* Paderborn: Ferdinand Schöningh, S. 348-350.

Castro Varela, Maria do Mar 2008. Macht und Gewalt: (K)ein Thema im Diskurs um interkulturelle Kompetenz. In: Birgit Rommelspacher, Ingrid Kollak (Hrsg.) *Interkulturelle Perspektiven für das Sozial- und Gesundheitswesen.* Frankfurt a.M.: Mabuse Verlag, S. 97-113.

Cloos, Peter, u.a. 2009. *Die Pädagogik der Kinder- und Jugendarbeit.* 2. Aufl. Wiesbaden: VS Verlag.

Costa dos Santos, Fernanda 2009. *Medienpädagogik und gesellschaftliche Entwicklung. Der Einfluss kultureller Projekte auf gemeinschaftliche Selbstorganisation und Kommunikationsstrukturen.* Wiesbaden: VS Verlag.

Dederich, Markus 2012. *Körper, Kultur und Behinderung. Eine Einführung in die Disability Studies.* 2. Aufl. Bielefeld: Transcript.

Deinet, Ulrich, & Derecik, Ahmet 2013. Sozialräume als Bildungssettings. In: Christian Spatscheck, Sabine Wagenblass (Hrsg.) *Bildung, Teilhabe und Gerechtigkeit. Gesellschaftliche Herausforderungen und Zugänge Sozialer Arbeit.* Weinheim, Basel: Beltz Juventa, S. 77-91.

Deutscher Verein 2007. *Diskussionspapier des Deutschen Vereins zum Aufbau Kommunaler Bildungslandschaften.* Download unter http://www.jena.de/fm/41/bildungslandschaften.pdf Zugriff: 01.09.13.

Dewey, John 2011 [1916]. *Demokratie und Erziehung. Eine Einleitung in die philosophische Pädagogik.* Weinheim, Basel: Beltz.

Diesselhorst, Sophie 2009. Deutsch-türkische Beziehungen. In: *Cicero Online. Magazin für politische Kultur.* Download unter http://www.cicero.de/deutsch-t%C3%BCrkische-beziehungen/40202 Zugriff: 01.09.13

DIMDI 2013. *International Statistical Classification of Diseases and Related Health Problems ICD-10 GM Version 2013.* Download unter https://www.dimdi.de/static/de/klassi/aktuelles/news_0339.html_319159480.html Zugriff: 18.08.13

Ellerkamp, Thomas, u.a. 2009. *Musiktherapeutisches Training für ängstliche und unsichere Kinder.* Ulm: Uniklinik Ulm. Download unter http://www.uniklinik-ulm.de/fileadmin/Kliniken/Kinder_Jugendpsychiatrie/Forschung/MT_Manual.pdf Zugriff: 10.09.13.

Erikson, Erik 1980. *Jugend und Krise. Die Psychodynamik im sozialen Wandel.* Stuttgart: Klett-Cotta.

Erikson, Erik 1973. *Identität und Lebenszyklus.* Frankfurt a.M.: Suhrkamp.

Ferchhoff, Wilfried 2013. Jugendkulturen. In: Albert Scherr (Hrsg.) *Soziologische Basics.* Wiesbaden: Springer VS, S. 135-142.

Gläser, Jochen, & Laudel, Grit 2006. *Experteninterviews und qualitative Inhaltanalyse als Instrumente rekonstruierender Untersuchungen.* 2. Aufl. Wiesbaden: VS Verlag.

Goffman, Erving 2010 [1959]. *Wir alle spielen Theater. Die Selbstdarstellung im Alltag.* 8. Aufl. München: Piper.

Goffman, Erving 1996 [1961]. *Asyle. Über die soziale Situation psychiatrischer Patienten und anderer Insassen.* Frankfurt a.M.: Suhrkamp.

Goffman, Erving 1994 [1963]. *Stigma. Über Techniken der Bewältigung beschädigter Identität.* Frankfurt a.M.: Suhrkamp.

Gummich, Judy 2010. Migrationshintergrund und Beeinträchtigung. In: Jutta Jacob, u.a. (Hrsg.) *Gendering Disability. Intersektionale Aspekte von Behinderung und Geschlecht.* Bielefeld: Transcript, S. 131-152.

Haas, Hanns-Stephan, & Treber, Monika (Hrsg.) 2009. *Enabling Community. Gemeinwesen zur Inklusion befähigen!* Hamburg, Berlin: Evangelische Stiftung Alsterdorf und Katholische Hochschule für Sozialwesen Berlin.

Hartogh, Theo, & Wickel, Hans Hermann (Hrsg.) 2004. *Handbuch Musik in der Sozialen Arbeit.* Weinheim und München: Juventa Verlag.

Hennige, Ute 2005. Es ist normal, verschieden zu sein. In: Jo Jerg, u.a. (Hrsg.) *Selbstbestimmung, Assistenz und Teilhabe. Beiträge zur ethischen, politischen und pädagogischen Orientierung in der Behindertenhilfe.* Stuttgart: Verlag der Evangelischen Gesellschaft, S. 200-209.

Hill, Burkhard 2004. Soziale Kulturarbeit und Musik. In: Theo Hartogh, Hans Hermann Wickel (Hrsg.) *Handbuch Musik in der Sozialen Arbeit.* Weinheim und München: Juventa Verlag, S. 83-100.

Homfeldt, Hans Günther, u.a. (Hrsg.) 2008. *Vom Adressaten zum Akteur. Soziale Arbeit und Agency.* Opladen, Farmington Hills: Barbara Budrich.

Hunger, Uwe, & Thränhardt, Dietrich 2010. Der Bildungserfolg von Einwandererkindern in den westdeutschen Bundesländern. Diskrepanzen zwischen den PISA-Studien und den amtlichen Schulstatistiken. In: Georg Auernheimer (Hrsg.) *Schieflagen im Bildungssystem. Die Benachteiligung der Migrantenkinder.* 4. Aufl. Wiesbaden: VS Verlag, S. 51-67.

Hurrelmann, Klaus 2012a. Kinder für das Leben stark machen. Interview mit Dietmar Schobel. In: *Pädiatrie & Pädologie* 5/2012, S. 6-7.

Hurrelmann, Klaus, 2012b. Jugendliche als produktive Realitätsverarbeiter. In: *Diskurs Kindheits- und Jugendforschung* 1/2012, S. 89-100.

Hurrelmann, Klaus, & Quenzel, Gudrun 2012. *Lebensphase Jugend. Eine Einführung in die sozialwissenschaftliche Jugendforschung*. Weinheim, Basel: Beltz Juventa.

Jansen, Stephan A. 2012. Bürger. Macht. Staat: Einleitung. In: Stephan A. Jansen, Eckhard Schröter, Nico Stehr (Hrsg.) *Bürger. Macht. Staat? Neue Formen gesellschaftlicher Teilhabe, Teilnahme und Arbeitsteilung*. Wiesbaden: Springer VS, S. 7-13.

Josties, Elke 2013. Alles nur ein Zufall?! Das Recht auf kulturelle Teilhabe. In: *Soziale Arbeit(62)* 9/10.2013, S. 358-366.

Kanak Attak 1998. http://www.kanak-attak.de/ka/about.html Zugriff: 01.09.13

Kapteina, Hartmut 2009. *Skript zur Einführung in die Musiktherapie*. Siegen: Universität Siegen. Download unter http://www.musiktherapie.uni-siegen.de/kapteina/material/lehrgebiete/neu_musiktherapie_und_soziale_arbeit.pdf Zugriff: 09.09.13

Kapteina, Hartmut 2005. Wie kann man diesen Krach den ganzen Tag aushalten. Improvisation als ästhetische und gesellschaftliche Zumutung in der Musiktherapie. In: Ulrike Haase, Antje Stolz (Hrsg.) *Improvisation – Therapie – Leben*. Crossen: Akademie für angewandte Musiktherapie, S. 64-76.

Karakaşoğlu, Yasemin 2013. Bildung und Kultur im Kontext von Diversity. In: Christian Spatscheck, Sabine Wagenblass (Hrsg.) *Bildung, Teilhabe und Gerechtigkeit. Gesellschaftliche Herausforderungen und Zugänge Sozialer Arbeit*. Weinheim, Basel: Beltz Juventa, S. 217-228.

Kızılhan, Jan I. 2013. *Kultursensible Psychotherapie. Hintergründe, Haltungen, Methodenansätze*. Berlin: Verlag für Wissenschaft und Bildung.

Knuf, Andreas 2006. *Empowerment in der psychiatrischen Arbeit*. Bonn: Psychiatrie Verlag.

Kohan, Dinah 2012. *Migration und Behinderung: eine doppelte Belastung?* Freiburg: Centaurus.

Kolb, Beate, u.a. 2004. Familien ausländischer Herkunft mit einem assistenzbedürftigen Kind: Zwei Einzelfallstudien. In: *Zeitschrift Behinderung und Dritte Welt* 1/2004, S. 30-36.

Krafeld, Franz Josef 2010. Der Befähigungsansatz (Capability Approach) als Perspektivenwechsel in der Förderung junger Menschen. *Deutsche Jugend, 58*(7-8), 310-317.

Krisch, Richard, & Oehme, Andreas 2013. Die Bewältigung von Übergängen in Arbeit als sozialpädagogische Herausforderung. Ein Blick auf Jugend- und Jugendsozialarbeit. In: Christian Spatscheck, Sabine Wagenblass (Hrsg.) *Bildung, Teilhabe und Gerechtigkeit. Gesellschaftliche Herausforderungen und Zugänge Sozialer Arbeit.* Weinheim, Basel: Beltz Juventa, S. 109-124.

Kurzke-Maasmeier, Stefan 2009. Von der Fürsorge zur Selbstbestimmung – Die UN-Behindertenrechtskonvention als Herausforderung für Soziale Dienste, Soziale Professionen und Gemeinwesen. In: *Die Verankerung der UN-Konvention für die Rechte von Menschen mit Behinderungen – den Prozess mitgestalten* 25.-06.2009 Berlin.

Kutalek, Ruth, & Prinz, Armin 2011. Kulturgebundene Syndrome. In: Wielant Machleidt, Andreas Heinz (Hrsg.), *Praxis der interkulturellen Psychiatrie und Psychotherapie. Migration und psychische Gesundheit.* München: Urban & Fischer, S. 387-398.

Laabdallaoui, Malika, & Rüschoff, Ibrahim 2010. *Umgang mit muslimischen Patienten.* Bonn: Psychiatrie Verlag.

Lamnek, Siegfried 2007. *Theorien abweichenden Verhaltens 1: "Klassische" Ansätze: Eine Einführung für Soziologen, Psychologen, Juristen, Journalisten und Sozialarbeiter.* 8. Aufl. München: Fink.

Leiprecht, Rudolf 2009. Managing Diversity und Diversity Education – Fachdebatten und Praxiskonzepte auf dem Weg zu einer integrierten Perspektive für Bildung und Soziale Arbeit. In: Karin E. Sauer, Josef Held (Hrsg.) *Integrationsprozesse in heterogenen Gesellschaften*. Wiesbaden: VS Verlag, S. 193-211.

Leiprecht, Rudolf, & Lutz, Helma 2009. Rassismus – Sexismus – Intersektionalität – Racism – sexism – intersectionality. In: Claus Melter, Paul Mecheril (Hrsg.) *Rassismuskritik Bd. 1, Rassismustheorie und -forschung*. Schwalbach/Ts.: Wochenschau Verlag, S. 179-198.

Lüke, Katja 2006. Von der Attraktivität „normal" zu sein. Zur Identitätsarbeit körperbehinderter Menschen. In: Gisela Hermes, Eckhard Rohrmann (Hrsg.): *„Nicht über uns – ohne uns!": Disability Studies als neuer Ansatz emanzipatorischer und interdisziplinärer Forschung über Behinderung*. Neu-Ulm: AG-SPAK-Bücher, S. 128-139.

Markowetz, Reinhard 2012. Freizeit und Erwachsenenbildung für Menschen mit Lernschwierigkeiten. In: Helmut Schwalb, Georg Theunissen (Hrsg.) *Inklusion, Partizipation und Empowerment in der Behindertenarbeit. Best-Practice-Beispiele: Wohnen-Leben-Arbeit-Freizeit*. 2. Aufl. Stuttgart: Kohlhammer, S. 178-190.

Mayring, Philipp 2010. *Qualitative Inhaltsanalyse. Grundlagen und Techniken*. 11. Aufl. Weinheim, Basel: Beltz.

Mecheril, Paul 2004a. Die Ordnung des pädagogischen Diskurses über natio-ethno-kulturelle Andere. In: Paul Mecheril *Einführung in die Migrationspädagogik*. Weinheim, Basel: Beltz, S. 80-105.

Mecheril, Paul 2004b. Was ist „interkulturelle Kompetenz"? In: Paul Mecheril *Einführung in die Migrationspädagogik*. Weinheim, Basel: Beltz, S. 106-132.

Nohl, Arnd-Michael 2010. *Konzepte interkultureller Pädagogik. Eine systematische Einführung*. 2. Aufl. Bad Heilbrunn: Klinkhardt.

Phoenix, Ann 2013. Psychosoziale Intersektionen. Zur Kontextualisierung von Lebenserzählungen Erwachsener aus ethnisch sichtbar differenten Haushalten. In: Helma Lutz, u.a. (Hrsg.) *Fokus Intersektionalität. Bewegungen und Verortungen eines vielschichtigen Konzepts*. 2. Aufl. Wiesbaden: Springer VS, S. 181-200.

Pohl, Axel, u.a. (Hrsg.) 2011. *Jugend als Akteurin sozialen Wandels. Veränderte Übergangsverläufe, strukturelle Barrieren und Bewältigungsstrategien*. Weinheim, München: Juventa.

Reutlinger, Christian 2008. Agency und ermöglichende Räume. In: Hans Günther Homfeldt, u.a. (Hrsg.) *Vom Adressaten zum Akteur. Soziale Arbeit und Agency*. Opladen, Farmington Hills: Barbara Budrich, S. 211-232.

Rommelspacher, Birgit 2009. Was ist eigentlich Rassismus? In: Claus Melter, Paul Mecheril (Hrsg.) *Rassismuskritik Bd. 1, Rassismustheorie und -forschung*. Schwalbach/Ts.: Wochenschau Verlag, S. 25-38.

Sauer, Karin E. 2013. Was die Teilhabe am Arbeitsleben behindert und wie diese Hindernisse beseitigt werden können. Eine subjektorientierte Analyse. *LAG WfbM "Toleranz fördern – Kompetenz stärken. Migration und Behinderung in der WfbM"*. Leinfelden-Echterdingen, 09.07.13.

Sauer, Karin E. 2009. „Die Theorie bestimmt, was wir beobachten können" – Sozialarbeitswissenschaftliche Perspektiven auf Integrationsprozesse in heterogenen Gesellschaften. In: Karin E. Sauer, Josef Held (Hrsg.) *Wege der Integration in heterogenen Gesellschaften. Vergleichende Studien*. Wiesbaden: VS Verlag, S. 215-233.

Sauer, Karin E. 2007. *Integrationsprozesse von Kindern in multikulturellen Gesellschaften*. Wiesbaden: VS Verlag.

Sauer, Karin E., & Held, Josef (Hrsg.) 2009. *Wege der Integration in heterogenen Gesellschaften. Vergleichende Studien*. Wiesbaden: VS Verlag.

Sauer, Karin E., u.a. 2004. Über die Bedeutung von Musik bei gesunden und psychisch kranken Jugendlichen. In: *Musik-, Tanz- und Kunsttherapie(15)* 3/2004, S. 120-129.

Scherr, Albert, & Sturzenhecker, Benedikt 2013. Selbstbestimmte Lebensführung und Demokratiebildung. In: Christian Spatscheck, Sabine Wagenblass (Hrsg.) *Bildung, Teilhabe und Gerechtigkeit. Gesellschaftliche Herausforderungen und Zugänge Sozialer Arbeit.* Weinheim, Basel: Beltz Juventa, S. 54-76.

Schwalb, Helmut, & Theunissen, Georg (Hrsg.) 2012. *Inklusion, Partizipation und Empowerment in der Behindertenarbeit. Best-Practice-Beispiele: Wohnen-Leben-Arbeit-Freizeit.* 2. Aufl. Stuttgart: Kohlhammer.

Sluzki, Carlos E. 2010. Psychologische Phasen der Migration und ihre Auswirkungen. In Thomas Hegemann, Ramazan Salman (Hrsg.), *Handbuch Transkulturelle Psychiatrie.* Bonn: Psychiatrie Verlag, S. 108-123.

StadtImpuls gemeinnützige Gesellschaft zur Förderung und Ansiedlung sozialer Projekte mbH (Hrsg.) 2012. *Dokumentation der Fachtagung Doppelt diskriminiert? Migrantinnen und Migranten mit Behinderung und ihre Teilhabe am Erwerbsleben.* Berlin. Download unter http://www.fes.de/integration/pdf_2012/dokumentation_doppelt_diskriminiert_29-02-2012.pdf Zugriff: 01.09.13.

Theunissen, Georg, 2008. *Empowerment und Inklusion behinderter Menschen.* 2. Aufl. Freiburg i.Br.: Lambertus.

Theunissen, Georg 2000. Lebensbereich Freizeit – ein vergessenes Thema für Menschen, die als geistig schwer- und mehrfachbehindert gelten. In: Reinhard Markowetz, Günther Cloerkes (Hrsg.) *Freizeit im Leben behinderter Menschen. Theoretische Grundlagen und sozialintegrative Praxis.* Heidelberg: Universitätsverlag Winter, S. 137-149.

Thomas, Peter M., & Calmbach, Marc (Hrsg.) 2013. *Jugendliche Lebenswelten.* Berlin, Heidelberg: Springer.

Vygotskij, Lev S. 2002 [1934]. *Denken und Sprechen. Psychologische Untersuchungen.* Weinheim, Basel: Beltz.

Wahrig-Burfeind, Renate (Hrsg.) 1999. *Wahrig Fremdwörterlexikon.* München: dtv.

Waldschmidt, Anne 2007. Behinderte Körper. Stigmatheorie, Diskurstheorie und Disability Studies im Vergleich. In: Torsten Junge, Imke Schmincke (Hrsg.): *Marginalisierte Körper. Beiträge zur Soziologie und Geschichte des anderen Körpers.* Münster: Unrast, S. 27-43.

Welsch, Wolfgang 2010. Was ist eigentlich Transkulturalität? In: Darowska, Lucyna, u.a. (Hrsg.) *Hochschule als transkultureller Raum? Kultur, Bildung und Differenz in der Universität.* Bielefeld: Transcript, S. 39-66.

West, Christina 2013. Integration zwischen Konformität, Interkulturalität, Transkulturalität? In: Olaf Schnur, u.a. (Hrsg.) *Migrationsort Quartier.* Wiesbaden: Springer, S. 195-224.

Weyand, Michaela 2010. *Musik – Integration – Entwicklung.* Wiesbaden: Reichert Verlag.

Winker, Gabriele, & Degele Nina 2010. *Intersektionalität. Zur Analyse sozialer Ungleichheiten.* 2. Aufl. Bielefeld: Transcript.

MIX
Papier aus verantwortungsvollen Quellen
Paper from responsible sources
FSC® C105338

If you have any concerns about our products,
you can contact us on
ProductSafety@springernature.com

In case Publisher is established outside the EU,
the EU authorized representative is:
**Springer Nature Customer Service Center GmbH
Europaplatz 3, 69115 Heidelberg, Germany**

Printed by Libri Plureos GmbH
in Hamburg, Germany